MAJOR RAFAEL ROZENSZAJN

A GUERRA DE NARRATIVAS

ISRAEL, HAMAS, A BATALHA PELA OPINIÃO PÚBLICA E COMO ISSO PODE AFETAR A SUA VIDA

CITADEL
Grupo Editorial
2025

A guerra de narrativas

1ª edição: Agosto 2025

O conteúdo desta obra é de total responsabilidade do autor
e não reflete necessariamente a opinião da editora.

Autor:
Major Rafael Rozenszajn

Preparação de texto:
3GB Comunicação

Revisão:
Daniela Georgeto
Rebeca Michelotti

Projeto gráfico:
Luisa Tavares

Capa:
Jéssica Wendy

Ilustração:
Raul Vilela

Impressão:
Plena Print

DADOS INTERNACIONAIS DE CATALOGAÇÃO NA PUBLICAÇÃO (CIP)

Rozenszajn, Rafael
A guerra de narrativas : Israel, Hamas, a batalha pela opinião pública e como isso pode afetar a sua vida / Major Rafael Rozenszajn.
— Porto Alegre : Citadel, 2025.
160 p.

ISBN 978-65-5047-666-3

1. Conflito Árabe-israelense 2. Oriente médio 3. Terrorismo
4. Hamas I. Título

25-3229 CDD – 956.940

Angélica Ilacqua – Bibliotecária – CRB-8/7057

Produção editorial e distribuição:

CITADEL Grupo Editorial
contato@citadel.com.br
www.citadel.com.br

SUMÁRIO

A diretoria da Confederação Israelita do Brasil parabeniza o autor do livro, Major Rafael Rozenszajn, pela importante obra.

AGRADECIMENTOS

Este livro foi escrito durante uma guerra – não apenas no campo militar, mas também no campo midiático. Uma guerra em que a verdade deixou de ser apenas um valor: tornou-se uma arma, uma linha de defesa, e também um alvo.

Apesar de minha longa trajetória nas Forças de Defesa de Israel – durante 17 anos atuei como promotor militar e assessor jurídico de unidades operacionais –, eu nunca havia atuado como porta-voz. Assumir essa missão, justamente no momento mais crítico da história recente de Israel, foi um desafio imenso. Não apenas para mim, mas para todos que estiveram ao meu redor.

Foram meses de exposição constante, pressão emocional e responsabilidade imensurável. Sei, com absoluta certeza, que sem o apoio da minha família, de amigos e de tantos que caminharam ao meu lado, eu não teria tido sucesso. Cada palavra que disse ao mundo carregava, por trás dela, a força de quem acreditou em mim, me sustentou e me incentivou a seguir em frente – mesmo quando o cansaço parecia maior do que a missão.

Agradeço, em primeiro lugar, a D'us, que me deu forças quando as palavras me faltavam, quando o rosto precisava mostrar firmeza mesmo diante do horror, e quando a verdade parecia estar sendo soterrada por ondas de mentira. Em cada resposta que dei, em cada entrevista, senti que carregava algo muito maior do que opiniões – carregava a responsabilidade de representar o Exército de um povo com séculos de história, dor e esperança.

À minha esposa – minha companheira de vida e de valores –, que esteve firme ao meu lado, mesmo nos momentos em que a distância e o silêncio pareciam dominar. Seu apoio incondicional, sua fé e seu amor silencioso, mas inabalável, foram meu porto seguro em meio à tempestade. Foi isso que me deu a base emocional necessária para enfrentar câmeras, entrevistas, pressão, críticas e o peso da responsabilidade. Nada do que fiz seria possível sem ela.

Aos meus três filhos, que aceitaram com coragem e maturidade que o pai estivesse menos presente em casa, porque entenderam que ele precisava estar presente para o povo de Israel. Mesmo tão jovens compreenderam que o silêncio do pai em casa não era ausência, mas missão. São minha luz e minha motivação. Ensinaram-me, com a pureza das perguntas e a força do amor, por que vale a pena lutar pela verdade, por justiça e por Israel.

Aos meus pais e meus irmãos, que mesmo estando longe, transmitiram o amor e a convicção de que mesmo em tempos difíceis, devemos nos manter firmes com integridade e propósito. Sou grato por cada palavra de apoio e cada gesto silencioso de confiança.

Aos meus colegas nas FDI, aos soldados que também atuaram nessa frente invisível da guerra – minha admiração. Juntos, lutamos não só com armas nos campos de batalha, mas também com palavras, dados, fatos e valores.

Deixo uma homenagem especial aos soldados que deram suas vidas por Israel. Àqueles que tombaram defendendo nosso povo, nossa terra e nossos valores – minha eterna reverência. Honramos os que caíram com a integridade de nossas ações e a coragem de nossas convicções. Que o sacrifício de cada um deles nos inspire a seguir firmes.

Por fim, em meio à guerra de narrativas, nunca podemos esquecer que, por trás de cada manchete e de cada distorção, existem vidas humanas pagando o preço mais terrível da guerra. Entre elas, homens, mulheres, crianças e idosos que foram arrancados de seus lares no dia 7 de outubro e seguem, até hoje, como reféns nas mãos de terroristas. A dor de suas famílias é uma ferida aberta no coração de Israel – e deve ser, para todos nós, um chamado contínuo à verdade, à memória e à justiça. Que cada palavra escrita neste livro seja também um grito por sua libertação.

PREFÁCIO

A *paz* é um dos valores fundamentais do Estado Democrático de Direito. Sua referência mais relevante no âmbito estatal, aludindo à "tranquilidade doméstica", é verificada no preâmbulo da Constituição dos Estados Unidos de 1787. No entanto, é a partir do fim da Segunda Grande Guerra que os Estados nacionais passaram a enfatizá-la no cenário internacional. Nesse sentido, a Carta de constituição das Nações Unidas de 1945 consignou não apenas a preocupação com o flagelo da guerra, como também expôs, como seu primeiro propósito, a manutenção da paz e da segurança internacional. Do mesmo modo, a Declaração Universal dos Direitos Humanos de 1948 traz a paz como valor fundamental, ao lado da liberdade, da igualdade e da justiça.

Desde então, a paz passou a ser objeto de preocupação constante e crescente no seio do Direito Internacional, podendo-se citar nesse sentido: (i) a Declaração sobre a Preparação das Sociedades para Viver em Paz (Resolução da ONU 33/73, adotada em 15 de dezembro de 1978), cujo artigo 1º prevê que "toda nação e todo ser humano, independentemente de sua raça, convicções, idioma ou sexo, tem o direito imanente de viver em paz"; e (ii) a Declaração sobre o Direito dos Povos à Paz (Resolução da ONU 39/11, de 12 de novembro de 1984), que proclama solenemente que todos os povos do planeta têm o direito sagrado à paz, cujo exercício pleno exige de todos os Estados uma política que elimine a ameaça de guerra e que utilize meios pacíficos para a solução das controvérsias internacionais.

Não é por outra razão que a Constituição do Brasil de 1988 estabelece que a paz é um valor fundamental. Já no seu preâmbulo, está estabelecido que a "solução pacífica das controvérsias", tanto na ordem interna quanto na internacional, deve nortear a sociedade e o Estado brasileiro. Do mesmo modo, conforme preceitua o seu artigo 4º, incisos VI e VII, a "defesa da paz" e a "solução pacífica dos conflitos" são princípios reitores das relações internacionais do Estado brasileiro.

Não obstante, e a exemplo dos demais direitos humanos fundamentais, a paz não se reveste de caráter absoluto, sobretudo quando entendida como mera ausência de hostilidade. Desde a Antiguidade se concebe a possibilidade de haver guerras justas, o *justum bellum* dos romanos. No ambiente cristão, Agostinho expressa que a justiça de uma guerra deve ser considerada no sentido substantivo do termo, e não simplesmente em sua legalidade, o que demanda basicamente uma prévia injúria sofrida, que pode consistir em ataques sofridos contra seus direitos ou devido à negligência de um Estado em suprimir os crimes praticados em seu respectivo seio. Nessa mesma linha, Tomás de Aquino desenvolveu três razões básicas para considerar uma guerra como justa: (i) a guerra ser declarada por um soberano ou príncipe legítimo; (ii) haver uma "justa causa" para a guerra, a qual corresponde a uma falta ou injustiça praticada pelo malfeitor; e (iii) haver uma intenção legítima correspondente a implementar o bem ou evitar o mal.

Todos esses elementos são tratados nesta obra do Major Rafael Rozenszajn. Nela, procura-se aclarar os acontecimentos decorrentes do abominável ataque perpetrado pela organização terrorista Hamas contra o Estado de Israel no dia 7 de outubro de 2023. Testemunha ocular de boa parte dos eventos que se sucederam ao infame atentado – seguramente o maior massacre de judeus desde o Holocausto –, o autor fala com a autoridade e a experiência de quem atuou por mais de 17 anos nas Forças de Defesa de Israel (FDI), ocupando vários cargos no Ministério Público Militar e sendo designado o primeiro porta-voz das FDI para o público de língua portuguesa. Além de impactante, a obra é literalmente contemporânea, pois está sendo editada ao mesmo tempo que o conflito no Oriente Médio ainda se desenrola.

Em tempos de fake news e manipulação do debate público, o presente livro traz não somente argumentos, mas registros históricos e dados extraídos, em sua maioria, de fontes abertas e, portanto, facilmente verificáveis. Outro mérito da obra consiste em apontar os efeitos deletérios que a desinformação causa na compreensão completa do conflito causado pelo ataque terrorista de 7 de outubro, especialmente sobre a atuação militar do Estado de Israel. A partir de informações acessíveis ao público e mediante precisa lógica argumentativa, o autor demonstra que o recurso à desinformação, por parte de alguns, constitui estratégia político-ideológica, e até mesmo camuflagem de um antissemitismo ainda persistente na história, que campeia nas redes sociais com ressonância direta em parte da mídia e em ambientes universitários marcados pelo discurso ideológico. A guerra possui vários fronts, sendo o militar apenas um deles.

A presente obra ganha especial destaque porque o esclarecimento da questão deve ser especialmente valorado diante do fato de a Constituição brasileira, além de trazer a paz como valor fundamental, repudia de forma explícita o *terrorismo* e o *racismo* (artigo 4º, inciso VIII). Essas duas chagas se revelaram cristalinamente presentes no fatídico 7 de outubro de 2023. Ali, o terrorismo se manifestou da forma mais cruel, terrível e covarde possível, vitimando cerca de 1.200 civis inocentes de forma vil, desumana e inacreditavelmente celebrada por seus executores e apoiadores. Ali, foram ceifados o futuro, a dignidade, a esperança e a vida de mulheres, idosos, crianças e até mesmo bebês, naquilo que foi o ataque mais mortal de uma organização terrorista contra o Estado de Israel desde a sua fundação. E, a partir dali, especialmente após a impositiva e inevitável reação militar de Israel, o antissemitismo revigorou-se em várias partes do mundo, inclusive no Brasil, sendo oportuno lembrar que o Supremo Tribunal Federal, no célebre julgamento do *habeas corpus* nº 82.424/RS, já reconheceu o caráter abertamente racista e, portanto, inconstitucional, do antissemitismo.

A obra do Major Rozenszajn representa uma singular oportunidade aos falantes da língua portuguesa de acessarem, de forma não passional, o testemunho autorizado de quem não somente domina, por experiência, mas comprova, com dados e fontes, o que diz. E mais, seu escrito provoca sérias reflexões nas pessoas realmente comprometidas com a solução pacífica das controvérsias e que não se conformam com o terrorismo e o racismo, sobre a importância e o dever histórico-moral de combater aqueles que optam pelo caminho do terror, no que se inclui não apenas seus executores, mas também os que os apoiam ou se omitem. Não há como construir um futuro de paz para os povos de Israel e da Palestina sem que o terrorismo e o racismo sejam veementemente repudiados. Também não é possível fazê-lo aceitando a ignominiosa equivalência moral entre grupos terroristas e Israel, reconhecidamente um Estado de Direito dotado de instituições democráticas.

Espero que a leitura desta obra contribua para o esclarecimento da verdade e, de algum modo, para o semear e florescimento da paz entre as nações e a cooperação entre todos os povos para o progresso da humanidade, princípio também constante do artigo 4º da Constituição brasileira.

Brasília, julho de 2025.

André Luiz de Almeida Mendonça
Ministro do Supremo Tribunal Federal

APRESENTAÇÃO

Ao povo de bem, ao leitor atento e à consciência do mundo,

O dia 7 de outubro de 2023 não foi apenas mais um capítulo triste da história – foi um grito. Um grito de dor, de injustiça, e também um chamado à verdade.

Nesse dia, vimos o impossível acontecer: famílias massacradas em suas casas, crianças arrancadas dos braços de seus pais, pessoas inocentes sequestradas, estupradas, queimadas vivas, humilhadas. Tudo isso orquestrado pelo Hamas – um grupo terrorista que não representa o povo palestino, mas sim uma ideologia perversa que celebra a morte, o ódio e a destruição.

Este livro, escrito com coragem e precisão pelo Major Rafael Rozenszajn – a quem honro como soldado, pensador e defensor da verdade – nasce como um farol em meio à escuridão da mentira. Em tempos em que a verdade é atacada e a justiça é distorcida, documentar os fatos com clareza é um dever sagrado.

É preciso deixar claro e com todas as letras:

Israel não começou essa guerra.

Mas Israel tem o direito – e mais do que isso, o dever moral e espiritual – de se defender.

"Se alguém vier para te matar,
levanta-te e mata-o primeiro."
- Talmud, Sanhedrin 72a

Essa guerra não é contra o povo palestino.
É contra um inimigo que se esconde atrás de mulheres e crianças, que transforma hospitais em esconderijos e escolas em arsenais.
É contra quem sequestra vidas para negociar poder.
É contra quem ensina crianças a odiar antes mesmo de saber ler.

"Não fique indiferente diante
do sangue do teu irmão."
- Vayikrá (Levítico) 19:16

Os reféns continuam em cativeiro. Homens, mulheres, idosos, bebês.
Cada um com um nome, uma família, uma história.
E o mundo, em sua maioria, escolhe o silêncio.
Mas no Judaísmo, o silêncio diante da injustiça é cumplicidade.

"Livra aqueles que são levados à morte, e
não retenhas os que vão tropeçar para a matança."
- Mishlê (Provérbios) 24:11

Nós clamamos: libertem os reféns.
Que o mundo exija isso com a mesma força com que julga Israel.
A paz verdadeira não nasce da omissão, mas da coragem.
A paz não será fruto de concessões a terroristas, mas da derrota do mal.
O Hamas deve se render.
E deve ser substituído por uma liderança que queira a vida, e não a morte.

Por educação, e não manipulação.
Por dignidade, e não terror.
Israel é a única democracia do Oriente Médio.
É o lar de judeus, árabes, cristãos, drusos e tantos outros que vivem em coexistência possível e protegida.
Enquanto nossos inimigos ensinam ódio, Israel planta tecnologia, cura, inovação, cultura e luz.

"Busque a paz e a persiga."
- Tehilim (Salmos) 34:15

"Grande é a paz, pois até mesmo os nomes de D'us são trocados para mantê-la."
- Talmud, Gittin 59b

Este livro é mais que um testemunho – é uma resistência.
É um ato de memória.
E no Judaísmo, lembrar é viver.
Lembrar é garantir que a história não seja reescrita pelos que mentem com convicção.
É garantir que o sofrimento dos nossos irmãos não seja esquecido, nem banalizado, nem relativizado.
Que esta obra ilumine mentes, desperte consciências e fortaleça corações.
Que ela inspire líderes, jornalistas, educadores e cidadãos comuns a escolher o lado da verdade – mesmo quando isso custa caro.
E que o povo judeu siga firme, como sempre foi.
De cabeça erguida, com fé em D'us, com amor à vida, e com a certeza de que a luz sempre vence a escuridão.
Com esperança, firmeza e fé.

Rabino Sany Sonnenreich
Presidente do Instituto Rav Sany de Comunicação e Cultura Judaica

INTRODUÇÃO

O dia 7 de outubro de 2023 foi um dos mais traumáticos da história do Estado de Israel. Um dos dias mais difíceis da história do povo judeu. Em um massacre terrorista sem precedentes, a organização terrorista Hamas atacou Israel a partir da Faixa de Gaza, causando o maior número de vítimas judias em um único dia desde o Holocausto.

O ataque foi realizado por milhares de terroristas, principalmente contra alvos civis nas comunidades ao redor de Gaza. Durante a ação, ocorreram massacres, estupros, profanações de cadáveres, assassinatos de civis, sequestros de crianças, jovens e idosos, saques a propriedades, além de outros crimes de guerra e crimes contra a humanidade.

O Estado de Israel hoje é muito diferente do que era até 7 de outubro de 2023, data em que eclodiu a guerra denominada "Espadas de Ferro". Na verdade, o Oriente Médio não é mais o mesmo. Talvez nunca mais seja como era. A guerra acarretou transformações fundamentais na região, tanto no contexto do conflito entre Israel e grupos terroristas liderados pelo Hamas na Faixa de Gaza, foco e fonte do conflito atual, quanto no contexto mais amplo das intricadas vinculações de Israel com outros países da região.

Esse efeito levou a resultados difíceis de prever antes de outubro de 2023, e mesmo durante a guerra, que começou como o conflito mais intenso e mortal entre Israel e grupos terroristas já ocorrido na Faixa de Gaza. A situação evoluiu para um conflito entre Israel e o Hezbollah no Líbano, durante o qual a organização terrorista sofreu um golpe fatal (principalmente a eliminação da maior parte de sua liderança), levantando questões sobre sua futura capacidade de influência no Líbano; expandiu-se para um confronto direto no Iêmen com os Houthis (grupo rebelde xiita baseado no norte do Iêmen, apoiado política e militarmente pelo Irã), que lançaram centenas de misseis balísticos e drones contra o território israelense, levando a uma dura resposta de Israel; tornou-se o primeiro conflito direto entre Israel e o Irã com impactos significativos no programa nuclear iraniano e no arsenal de mísseis balísticos do regime; e levou à queda do regime de Assad na Síria, o que desferiu um duro golpe no campo de resistência liderado pelo Irã.

Embora as transformações em Israel e no Oriente Médio, provocadas pelo ataque de 7 de outubro e suas consequências, sejam assombrosas, e por si só dignas de uma obra, este livro não aspira tratar desse assunto.

O livro trata de outra frente dessa guerra: a **desinformação** que se espalhou rapidamente nas redes sociais, na mídia e nas universidades. A guerra de narrativas.

Informações falsas são difundidas tanto por pessoas hostis quanto por inocentes que compartilham conteúdos incorretos sem verificar sua veracidade; vídeos e imagens são compartilhados de forma tendenciosa e incompleta, para criar narrativas enganosas; contas falsas em redes sociais são criadas para espalhar informações mentirosas sem responsabilidade legal, criando uma impressão insidiosa dos acontecimentos; ataques cibernéticos são utilizados para ampliar a rede de alcance de informações mentirosas; e grupos terroristas passam a ser considerados fontes legítimas de informação.

A guerra midiática, na qual a desinformação é um fator fundamental, passou a ter um valor quase tão importante quanto a guerra militar e pode afetar a capacidade de vitória nos combates operacionais na mesma proporção que as próprias batalhas.

Além de afetar a opinião pública, a guerra midiática tem a capacidade de lesionar o apoio internacional necessário para manter a legitimidade do conflito, uma vez que, em um mundo onde a informação se espalha rapidamente, aqueles que controlam a narrativa podem obter vantagem significativa.

A desinformação pode também impactar o antissemitismo. Após a eclosão da sangrenta guerra e o uso estratégico dos meios de comunicação para influenciar a opinião pública de forma negativa sobre a atuação de Israel no conflito armado (com acusações de genocídio, desproporcionalidade e mais), uma onda de antissemitismo se espalhou ao redor do mundo.

Um relatório do Ministério da Diáspora de Israel, publicado alguns meses após o massacre, indica dados assustadores sobre o aumento do antissemitismo no mundo. Para surpresa de muitos, **o Brasil apresentou o crescimento mais acentuado de casos de antissemitismo, com uma alta de 961% nos incidentes antissemitas nos dois primeiros meses após o início da guerra** (467 incidentes antissemitas, em comparação com 44 casos no mesmo período do ano anterior).

De acordo com um relatório elaborado pela Organização Sionista Mundial em conjunto com a Agência Judaica em janeiro de 2025, **o antissemitismo está desenfreado, com um aumento acentuado de 340% nos incidentes antissemitas em todo o mundo em 2024**, em comparação com 2022. No Brasil, segundo relatório da Confederação Israelita do Brasil (Conib) e da Federação Israelita do Estado de São Paulo (Fisesp), os casos de antissemitismo cresceram 350% nesse período. São Paulo lidera com 864 denúncias, seguido pelo Rio de Janeiro (239), Rio Grande do Sul (92) e Minas Gerais (66).

O relatório analisa as principais tendências do antissemitismo no mundo e faz uma comparação entre 2022 e 2024. A escolha de 2022 como ano de referência metodológica deve-se ao fato de ser um ano sem eventos excepcionais, em contraste com 2023, que foi extremamente afetado pelo massacre de 7 de outubro e suas consequências. O ano de 2024 apresentou um recorde de incidentes antissemitas na maioria dos países pesquisados.

Ao contrário da guerra militar, em que armas físicas são usadas para alcançar os objetivos operacionais e estratégicos, e soldados são os protagonistas fundamentais, **na guerra midiática as armas são notícias espalhadas em plataformas de informação; soldados são substituídos por algoritmos; e objetivos operacionais passam a ser o controle da narrativa pública, isto é, como as pessoas compreendem a guerra, quem está "certo" e quem é "culpado".**

O maior desafio para Israel na guerra midiática é a assimetria existente entre grupos terroristas, liderados pelo Hamas, que não têm nenhum compromisso com a verdade, e o Estado de Israel, que está rigorosamente determinado a relatar somente a verdade. Enquanto grupos terroristas ignoram os fatos e a realidade para promover seus objetivos abomináveis, o Estado de Israel tem como obrigação moral e legal se manter fiel à verdade, por ser um país democrático com instituições legais que exigem transparência e credibilidade.

Este livro, portanto, tem como objetivo esclarecer – de forma transparente e acessível – as perguntas frequentes, mesmo aparentemente capciosas, sobre a atuação das Forças de Defesa de Israel no conflito.

Por mais de 17 anos, atuei nas Forças de Defesa de Israel, em diversos cargos no Ministério Público Militar. Fui promotor militar, assessor jurídico da Marinha e do Comando Central, e em meu último cargo, desde o início da guerra, após o massacre de 7 de outubro, atuei como porta-voz das Forças de Defesa de Israel (FDI) para a mídia de língua portuguesa. Fui entrevistado centenas de vezes pela mídia brasileira e portuguesa e acompanhei muitas delegações em Israel.

Como o primeiro porta-voz das FDI para o público de língua portuguesa, apresento aqui uma oportunidade incrível aos leitores, talvez pela primeira vez, de encontrar respostas para as frequentes perguntas e alegações sobre a atuação das Forças de Defesa de Israel durante a guerra.

A FAIXA DE GAZA ANTES DE 7 DE OUTUBRO DE 2023

A Faixa de Gaza é uma pequena região de apenas 365 quilômetros quadrados, mas de enorme importância no âmbito político, histórico e religioso. Delimitada por Israel no norte e leste, pelo Egito no sul e o mar Mediterrâneo a oeste, essa região passou por diversas oscilações.

Em 1948, com o fim do Mandato Britânico e a fundação do Estado de Israel, a Faixa de Gaza passou a ser controlada pelo Egito. Em 1967, durante a Guerra dos Seis Dias, Israel tomou o controle da Faixa de Gaza e o manteve desde então até 2005, embora esse controle fosse militar e não de anexação de território.

Em 2005, com a execução do "plano de desengajamento", Israel removeu todas as suas tropas da Faixa de Gaza, retirando-se, de forma unilateral, de todos os assentamentos da região. **A evacuação de todos os residentes israelenses da Faixa de Gaza, a demolição de edifícios residenciais israelenses e a remoção das forças de segurança israelenses da região foram concluídas em 12 de setembro de 2005. Mais de 8.000 israelenses dos 21 assentamentos criados na Faixa de Gaza foram transferidos para o território israelense.**

O controle da Faixa de Gaza foi transferido para a Autoridade Palestina liderada por Abu Mazen (Mahmoud Abbas), porém não durou mais que dois anos. **Em 2007, o Hamas – uma organização terrorista islamista palestina, fundada em 1987, que tem como objetivo declarado a destruição do Estado de Israel – realizou uma ação militar coordenada e rápida para assumir o controle de instalações de segurança na Faixa de Gaza.** As forças do Fatah, principal partido político da Autoridade Palestina, foram perseguidas e derrotadas em poucos dias, e seus líderes fugiram (alguns para Israel). O Hamas assumiu o controle de todas as instituições governamentais, incluindo delegacias de polícia, ministérios e portos. Qualquer presença da Autoridade Palestina na Faixa de Gaza foi desmantelada e, desde então, o Hamas passou a governar a região totalitariamente e sem concorrentes políticos.

Desde que o Hamas assumiu o controle da Faixa de Gaza, em 2007, a região se tornou um foco de terrorismo, representando a base central para atividades terroristas contra Israel, com implicações regionais e internacionais.

O Hamas investiu, com apoio do Irã, enormes esforços e recursos no estabelecimento de uma infraestrutura terrorista que inclui a construção de túneis subterrâneos e a fabricação e o contrabando de foguetes, mísseis, explosivos, drones e muito mais.

Desde 2007, dezenas de milhares de foguetes foram disparados da Faixa de Gaza, indiscriminadamente, contra cidades e comunidades no sul, no centro e até no norte de Israel. Além disso, grupos liderados pelo Hamas cometeram atentados terroristas, sequestros e ataques contra a cerca de segurança na fronteira de Gaza.

Em vez de investir na construção de hospitais, escolas, parques e infraestruturas civis em prol de sua população, o grupo terrorista gastou, nos 18 anos em que controla a Faixa de Gaza, mais de um bilhão de dólares para consolidar a máquina terrorista na região.

Além disso, o Hamas estabeleceu armazéns, sedes de comando e lançadores de foguetes dentro de escolas, hospitais, cemitérios, mesquitas e áreas civis movimentadas, com o intuito de utilizar a população civil como escudo humano para suas atividades terroristas.

A busca do Hamas pelo desenvolvimento de infraestruturas terroristas, visando atacar o território israelense, obrigou Israel a exercer um controle de fiscalização sobre o espaço aéreo, as águas territoriais e parte das fronteiras terrestres de Gaza, impondo restrições à circulação de pessoas e mercadorias. Essas restrições são medidas de segurança tomadas para conter ataques do Hamas e de outros grupos terroristas da Faixa de Gaza. Sem isso, o Hamas poderia dispor de mísseis teleguiados para alcançar qualquer ponto de Israel, bem como de outros recursos militares avançados que levariam seu potencial destrutivo a um patamar muito maior.

Veja no QR Code um vídeo mostrando como o Hamas utiliza hospitais e ambulâncias para ações terroristas.

Ao longo do tempo, o Hamas continuou a se armar e a consolidar seu poder, causando um sofrimento enorme à população civil da Faixa de Gaza, incluindo pobreza, fome, desemprego, infraestrutura precária e dependência de ajuda internacional, e levando o território a uma série de conflitos com Israel.

Desde 2007, várias operações militares foram travadas entre Israel e o Hamas: "Chumbo Fundido" (2008), "Coluna de Nuvem" (2012), "Margem Protetora" (2014), "Guardião das Muralhas" (2021), "Amanhecer" (2022) e o conflito atual, denominado "Espadas de Ferro" (2023), que eclodiu depois do **massacre de 7 de outubro, ataque que interrompeu o cessar-fogo que predominava na região**.

Mesmo depois da sua retirada da Faixa de Gaza em 2005, Israel continuou a fornecer serviços para Gaza, visando garantir as necessidades essenciais da população civil. Antes do massacre de 7 de outubro de 2023, apesar do controle da área pelo Hamas, Israel fornecia uma parcela significativa de energia à região, incluindo combustível, gás e eletricidade – aproximadamente 120 megawatts eram destinados diretamente para Gaza por meio de 10 linhas de energia que vinham da rede nacional de Israel. Isso representava cerca de **50% do consumo real de energia da Faixa de Gaza**.

Israel também transferia, por meio de três encanamentos, cerca de 10 milhões de metros cúbicos de água para a Faixa de Gaza por ano, o que representava **10% da água da região**. No ataque de 7 de outubro, nove das dez linhas de energia elétrica e um dos três encanamentos que transportavam água de Israel para a Faixa de Gaza foram atingidos pelo Hamas.

Israel também permitia a entrada de palestinos de Gaza, principalmente para trabalho ou atendimento médico. Até o massacre terrorista de 7 de outubro de 2023, cerca de **18.500 palestinos de Gaza trabalhavam em Israel, recebendo um salário maior – até seis vezes mais – do que ganhariam na Faixa de Gaza. Além disso, todos os anos, mais de 7.000 palestinos de Gaza recebiam tratamentos médicos em hospitais israelenses**. Atualmente, isso não é mais possível.

O QUE FOI O ATAQUE DE 7 DE OUTUBRO?

O ataque de 7 de outubro de 2023 foi uma ofensiva surpresa liderada pelo grupo terrorista Hamas contra Israel. A investida, considerada a mais mortal da história de Israel, e o maior ataque contra o povo judeu desde o Holocausto, marcou uma escalada sem precedentes no conflito entre Israel e grupos terroristas no Oriente Médio.

Mais de 5 mil terroristas palestinos vindos de Gaza invadiram o território israelense por terra, mar e ar (com parapentes). Para essa invasão, foram feitos 114 rompimentos com explosivos na cerca da fronteira entre Gaza e Israel, que tem uma extensão de 60 quilômetros.

Os grupos terroristas dispararam mais de 4.000 foguetes; massacraram centenas de israelenses que estavam participando de um festival de música eletrônica no sul de Israel; atacaram dezenas de *kibutzim*, além de outras comunidades da região; assassinaram cerca de 1.200 pessoas; sequestraram 251 e deixaram mais de 5.000 feridos, em sua maioria civis.

Algumas vítimas foram retiradas de suas camas; outras, queimadas vivas; e outras, ainda, decapitadas. Bebês foram assassinados; mulheres, estupradas; idosos, agredidos; e casas, incendiadas. Tudo foi registrado por equipamentos acoplados aos capacetes dos terroristas e por seus celulares, ou por sistemas de segurança das comunidades, como câmeras instaladas em carros, residências e postes de rua. Em respeito às famílias das vítimas, Israel não divulgou todas as imagens, e o mundo só teve acesso a uma pequena parte do que aconteceu.

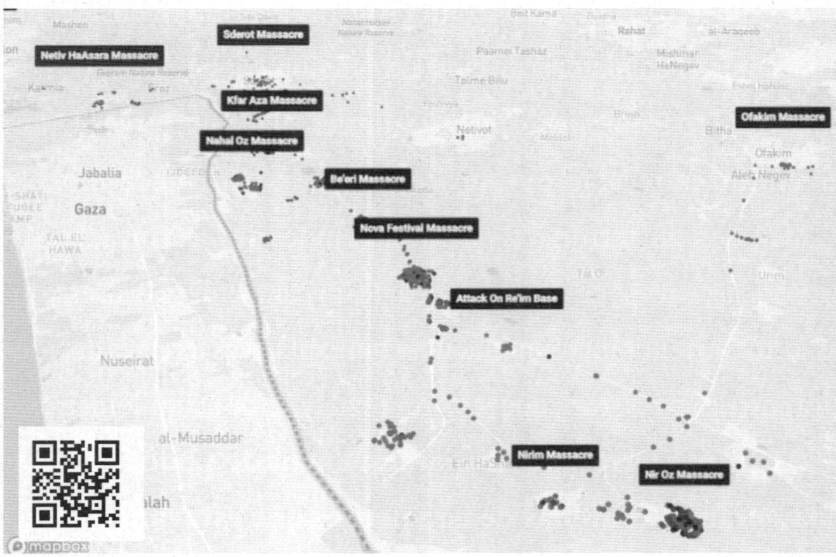

O massacre de 7 de outubro em números.
Foto: Mapping the Massacre.
1.193 assassinados.
251 sequestrados.

Os terroristas divulgaram os vídeos de suas ações online, no intuito de criar pânico e desespero em Israel, como parte de uma guerra psicológica. Em alguns casos, as ações foram documentadas pelos aparelhos de israelenses que foram assassinados ou sequestrados.

Em um dos primeiros casos documentados, foi registrada uma conversa telefônica entre um dos terroristas do Hamas que participou do ataque ao Kibutz Mefalsim, localizado a 4 quilômetros da fronteira com Gaza, e sua família na Faixa de Gaza.

O terrorista, que se identificou na conversa como Mahmoud, falou com seu pai, sua mãe, seu irmão e uma mulher não identificada, contando orgulhosamente à sua família como havia assassinado dez judeus com suas próprias mãos, e até enviou as fotos das pessoas assassinadas pelo WhatsApp. A seguir está a transcrição completa da conversa traduzida para o português:

Pai: Olá.

Terrorista [Mahmoud]: Ei, pai. Estou falando com você de Mefalsim. Abra meu WhatsApp e você verá todos os mortos. Olha quantos eu matei com minhas próprias mãos. Seu filho matou judeus! Isso é em Mefalsim, pai.

Pai: Deus é grande. Deus é grande. Que Deus te proteja. Que Deus te proteja. Que Deus te proteja.

Terrorista: Pai, estou falando com você do telefone de uma mulher judia. Eu a matei e matei o marido dela. Matei dez com minhas próprias mãos! Pai, dez com minhas próprias mãos! Pai, abra o WhatsApp e veja quantos eu matei, pai. Abre o telefone, pai, estou te chamando no WhatsApp. Abra o telefone, vai.

Pai: [choro, fala indistinta].

Terrorista: Pai, estou em Mefalsim. Pai, eu matei dez! Dez! Dez com minhas próprias mãos! O sangue deles está em minhas mãos; me passe para a mamãe.

Pai: Oh, meu filho, que Deus te proteja.

Terrorista: Dez com minhas próprias mãos, mãe. Matei dez com minhas próprias mãos!

Mãe: [fala indistinta].

Terrorista: [fala indistinta].

Pai: Que Deus o traga para casa em segurança.

Terrorista: Pai, volta para o WhatsApp agora, quero fazer uma transmissão ao vivo para você, de Mefalsim.

Mãe: Eu queria muito estar com você.

Terrorista: Mãe, seu filho é um herói.

Terrorista: [falando com outro terrorista com quem ele está no Kibutz Mefalsim] Mate! Mate! Mate! Mate eles!

Mãe: [fala indistinta].

Irmão [Ala'a]: Mahmoud, Mahmoud.

Terrorista: Sim, irmão.

Irmão: Onde você está?

Terrorista: Estou em Mefalsim. Eu matei dez, Ala'a, dez com minhas próprias mãos. Estou falando com você do telefone de uma mulher judia.

Irmão: Você matou dez?

Terrorista: Sim, matei dez. Pela minha vida.

Irmão: Onde você está? Em Zikim? Em Zikim?

Terrorista: Estou em Mefalsim, não em Zikim. Eu fui o primeiro [a entrar no *kibutz*] sob a proteção e ajuda de Deus. Levante a cabeça, pai, levante a cabeça.

Irmão: [fala indistinta].

Terrorista: Dentro! Dentro! Dentro da cidade. Olha no WhatsApp quem eu matei, abre meu WhatsApp.

Irmão: Volta, volta.

Terrorista: Como assim voltar? Não há como voltar atrás – é morte ou vitória. Minha mãe me deu à luz por causa da religião, Ala'a. O que há de errado com você, Ala'a? Como vou voltar?

Irmão: [fala indistinta].

Terrorista: Abra o WhatsApp, olha quanta gente morta! Abra!

Irmão: [fala indistinta].

Terrorista: Abra meu WhatsApp.

Irmão: [fala indistinta].

Terrorista: No meu telefone.

Irmão: O seu?

Terrorista: Olhe o WhatsApp no seu telefone.

Mulher [não identificada, parece jovem]: É o Mahmoud?

Terrorista: Olha isso no WhatsApp.

Mulher: Desbloquear seu telefone?

Terrorista: Abra o WhatsApp no meu celular, veja os mortos, como eu os matei com minhas próprias mãos.

Mulher: Ok, prometa que você voltará para casa.

Terrorista: [gritos, fala pouco clara].

Mulher: [fala indistinta].

[Fim da conversa.]

Acesse o QR Code para
escutar a conversa completa.

Documentos que foram encontrados nos corpos dos terroristas que participaram do ataque incluíam instruções para assassinar o maior número possível de civis, fazer reféns e aguardar novas instruções. Um bilhete, por exemplo, encontrado no corpo de um dos terroristas do Hamas, continha as seguintes instruções:

"Vocês devem afiar as lâminas de suas espadas e ser puros em suas intenções diante de Allah. Saibam que o inimigo é uma doença que não tem cura, exceto decapitar e arrancar corações e fígados. Ataquem-no!"

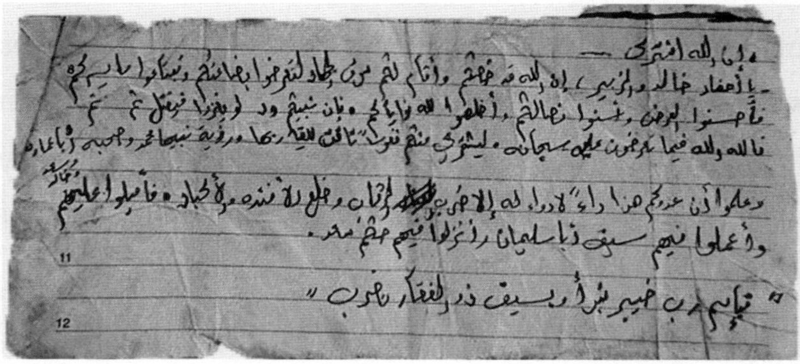

Nota encontrada com um dos terroristas que participaram do massacre de 7 de outubro. Fonte: FDI, 25 de outubro de 2023.

De acordo com documentos, mapas e a quantidade de alimentos transportada por alguns dos terroristas que participaram do ataque, o plano do Hamas era conquistar grandes áreas do sul de Israel, invadir e controlar cidades por um longo período. Os terroristas estavam equipados com mapas detalhados de comunidades e bases das FDI, que incluíam, entre outras coisas, dados sobre pontos de rompimentos de cercas e marcações das casas de agentes de segurança no sul de Israel.

As armas apreendidas com os terroristas do Hamas que participaram do ataque e foram eliminados ou capturados eram equivalentes a uma brigada militar e incluíam mais de 1.500 fuzis Kalashnikov (AK-47), centenas de fuzis de precisão Dragunov, metralhadoras PK, dezenas de mísseis antiaéreos “Strella” (disparados do ombro), dezenas de dispositivos de visão noturna, centenas de walkie-talkies, telefones via satélite, cargas explosivas de vários tamanhos, incluindo aparatos explosivos para atingir tanques e destruir veículos blindados, cargas explosivas para romper rapidamente cercas e portas, milhares de granadas de mão e foguetes RPG de vários tipos, entre outros equipamentos.

Esse foi o ataque mais mortal de uma organização terrorista contra o Estado de Israel desde sua fundação e um dos maiores ataques terroristas já vistos no mundo.

Para estimar o impacto do atentado, considerando as dimensões do Brasil, sugiro a seguinte análise: o Brasil tem 215 milhões de habitantes – 22 vezes mais que a população de Israel. **No Brasil, um ataque dessas proporções atingiria mais de 140 mil pessoas de uma só vez, o equivalente a dois Maracanãs lotados.** Imagine o Estádio do Maracanã lotado, onde 80% são fuzilados e ficam feridos; 17% são assassinados; 3% são sequestrados. Agora, multiplique por 2. Isso foi o que aconteceu em Israel no dia 7 de outubro de 2023.

O COMUNICADO MAIS DIFÍCIL DE TODOS

O massacre de 7 de outubro culminou em uma quantidade incomensurável de pessoas assassinadas em território israelense no mesmo dia.

A cada mil israelenses, um foi assassinado, sequestrado ou ferido. É muito difícil encontrar no país uma família que não tenha pelo menos um conhecido afetado diretamente pelos ataques.

De forma inevitável, o Estado de Israel e seus respectivos órgãos governamentais não estavam capacitados para atender as demandas que surgiram devido ao massacre. Dentre as muitas carências, houve a falta de equipes suficientes para comunicar a todas as famílias atingidas sobre seus entes queridos que foram assassinados.

Em Israel, todas as famílias que perdem seus entes queridos em atentados terroristas ou durante o serviço militar recebem um acompanhamento especial. Esse cuidado é iniciado com o comunicado sobre a morte de seu familiar, que precisa ser dado pessoalmente, por uma equipe especializada, formada por pessoas capacitadas e treinadas para essa função: um oficial com patente de major (chefe da equipe), um oficial com patente de capitão (assistente do chefe da equipe), um assistente social e um representante da prefeitura. O comunicado é feito de acordo com métodos e procedimentos elaborados por especialistas, e precisa ser realizado o mais rápido possível, para que a família tenha o direito de receber a trágica notícia diretamente de autoridades oficiais, e para evitar qualquer dano colateral irreversível que possa ser causado aos familiares caso recebam a notícia por outros meios, sem acompanhamento profissional adequado.

A quantidade de equipes capacitadas disponíveis depois do ataque de 7 de outubro não era suficiente para satisfazer a demanda criada pelo massacre. Por outro lado, centenas de famílias precisavam ser comunicadas imediatamente sobre a morte de seus entes queridos. Muitos deles estavam no festival que foi invadido por terroristas, outros tantos tombaram em combate ou simplesmente foram assassinados em suas camas nas comunidades no sul de Israel.

Diante disso, foi criada uma força-tarefa para capacitar oficiais das Forças de Defesa de Israel, com a patente de major, para atuarem como comandantes de equipes a fim de comunicar as famílias sobre a morte de seus entes queridos.

Meu celular tocou às 23:00 no dia 9 de outubro de 2023. Do outro lado da linha, a chefe de recursos humanos da minha unidade das FDI. Fui convocado para comparecer no dia seguinte em uma determinada base para receber os treinamentos preparatórios necessários para comandar uma equipe de aviso às famílias que perderam seus entes queridos.

Eu me alistei nas FDI em 2008, quando finalizei meus estudos de Direito em Israel. Após concluir minha formação como oficial, atuei durante 17 anos como advogado no Ministério Público Militar (Military Advocate General Corps). Em nenhum momento fui treinado para fazer parte de uma equipe encarregada de comunicar famílias enlutadas, muito menos para comandar essa equipe.

No dia seguinte, de acordo com a instrução que recebi, compareci à base designada para obter a capacitação necessária para essa incumbência. É, sem dúvida, uma situação muito angustiante e aflitiva receber treinamento para ir até uma mãe e dizer: "Sou o Major Rafael, e estou aqui para, infelizmente, comunicar que seu filho foi assassinado".

Os oficiais treinados para esse posto passam por uma triagem e um treinamento rigorosos, que incluem entrevistas e avaliações projetadas para examinar suas estruturas de personalidade, além de inúmeras simulações nas quais a capacidade dos oficiais de permanecer estáveis em situações extremas é minuciosamente testada. No meu caso, como o de dezenas de outros oficiais convocados para essa força-tarefa, diante da emergência, não passamos por triagem, nem por simulações, e muito menos foram examinadas nossas disposições de personalidade para essa função.

No dia seguinte, minha equipe já foi acionada. Era Shabat, o dia santo judaico, no qual, segundo as leis judaicas, não utilizamos carros nem telefones. Entretanto, em casos como esse, para avisar as famílias sobre a morte de seus filhos, o rabinato militar instrui que se faça o que for necessário para dar o comunicado imediatamente, mesmo transgredindo, à primeira vista, as rigorosas regras religiosas do Shabat.

Com apenas um telefonema, vesti o uniforme militar, beijei minha esposa, abençoei meus filhos, como faço todo Shabat, e fui em direção a uma família cujo mundo estava prestes a desabar completamente.

Eu estava a caminho da casa da família de uma mulher que vou chamar aqui de Hadas, por motivo de privacidade. Hadas (30) foi assassinada por terroristas do Hamas junto com seu marido, que chamarei aqui de Ilay, também para resguardar sua privacidade, no bunker da casa, no Kibutz Kfar Aza, onde estavam com seus dois filhos gêmeos, de apenas 10 meses de idade.

Os bebês gêmeos permaneceram no bunker, junto aos corpos de seus pais, por 13 horas. Hadas havia preparado mamadeiras para eles, para que pudessem ficar no bunker, mas não havia mais ninguém para alimentá-los.

Segundo algumas avaliações, os terroristas do Hamas usaram a casa da família de Hadas e Ilay como um posto de descanso entre um assassinato e outro. Eles entraram, comeram e se sentaram para descansar na varanda.

Depois de um tempo, começou a ser esclarecido o motivo pelo qual os bebês não foram assassinados. Não foi piedade

que levou os terroristas a deixarem os bebês vivos. Os bebês choraram e chamaram a atenção das forças de resgate para a casa da família, e os terroristas usaram esse artifício como isca para atrair os integrantes das forças até o local e assassiná-los enquanto tentavam resgatar os bebês.

Ao me aproximar da casa dos pais de Hadas, por volta das 20:00, escutei o choro dos bebês. Frio na barriga, aflição, aperto no coração, angústia, receio – era o que eu estava sentindo naquele instante. Mas, no mesmo momento, prevaleceu a determinação de cumprir a missão.

Eu me aproximei da casa, respirei fundo e bati levemente na porta. Sabia que a vida da família lá dentro mudaria em instantes para sempre. E que seria eu o portador da má notícia. Mas deixei isso de lado porque, como parte da missão, precisava ter força mental e determinação.

A porta foi aberta por um jovem. Era o irmão de Hadas. Os bebês, lindos, loiros e atentos, estavam na cozinha com outro familiar. Eles me olhavam, tentando entender o que aquele estranho oficial estaria fazendo na casa, no shabat. Um dia, eles, infelizmente, entenderão.

Depois da porta aberta, chega o momento mais crítico: dar a notícia. Cada palavra do aviso é cuidadosamente elaborada pelas FDI, e nós fomos proibidos de nos desviar, nem por uma palavra sequer, do texto da mensagem.

Perguntei se poderíamos nos sentar. Fui levado para um quarto. Lá já estavam os pais de Hadas. Avisei que, infelizmente, ela havia sido assassinada.

Nos poucos treinamentos preparativos, fomos informados de que poderíamos encontrar uma ampla gama de reações às notícias e que não há reação que não seja normativa. Em uma situação como essa, qualquer reação é normal. Há familiares que se deitam no chão, que puxam os cabelos, que gritam, soluçam ou se abraçam.

Para mim, a reação mais difícil de todas foi essa que presenciei: o silêncio. É um grande receio quando não há reação à dor. Quando os familiares expressam suas emoções, nós sabemos que eles entenderam a mensagem, que não estão quebrados por dentro. Quando reagem em silêncio, parece que a missão ainda não foi cumprida, que o aviso ainda não foi passado ou absorvido pela família.

O silêncio foi quebrado por uma pergunta. "E Ilay?" A família de Ilay (30) ainda não tinha recebido nenhuma informação oficial sobre seu paradeiro. Infelizmente, ainda que eu soubesse que Ilay tinha sido assassinado junto com Hadas, não podia dar essa informação à família, até o reconhecimento absoluto do corpo. A crueldade dos terroristas do Hamas foi tão grande que muitos corpos foram encontrados totalmente irreconhecíveis e só puderam ser identificados semanas depois do massacre, com a utilização de tecnologias avançadas.

Somente uma semana depois, o corpo de Ilay foi reconhecido. Voltamos à mesma casa, onde estavam também os pais de Ilay, para dar o comunicado oficial à família.

Essa foi a primeira casa em que estive para cumprir a árdua missão de dar o aviso às famílias. Passei em outras cinco casas. Cada família reagiu de forma diferente.

Após terminar cada tarefa, eu retornava para casa, onde minha esposa e meus três filhos me aguardavam, e rapidamente me traziam de volta ao ritmo da vida. Mas, depois dessa missão, tenho uma consciência maior da vida. O que é essencial e o que é dispensável. O que é importante e o que é insignificante. O que é oportuno e o que é intempestivo. Penso diferente sobre a vida e a rotina, e sobre como usar o tempo de forma mais correta e plena.

Depois de duas semanas cumprindo a missão de dar avisos às famílias sobre a morte de seus entes queridos, recebi um telefonema da Unidade de Porta-voz das FDI. Fui informado de que estavam procurando um oficial que dominasse o idioma português para atuar como porta-voz das FDI junto à comunidade lusófona, principalmente para a mídia brasileira. Fui convocado para essa nova missão. Não hesitei.

Ilay e Hadas, com seus filhos gêmeos, dias antes de serem assassinados por terroristas do Hamas. Fonte: N12, 29 de outubro de 2023.

PRIMEIRO PORTA-VOZ DAS FDI EM PORTUGUÊS

A Unidade de Porta-voz das FDI é o órgão encarregado do sistema de informações militares das FDI, responsável por transmitir informações oficiais ao público em Israel e à mídia internacional. Sua principal função é gerenciar as comunicações das FDI, explicar suas atividades e lidar com desafios de informação nas arenas local e internacional.

Até o massacre do 7 de outubro, a Unidade de Porta-voz das FDI era representada em hebraico – o idioma principal no qual todos os anúncios oficiais das FDI são publicados; em inglês – destinado à comunicação internacional de forma geral; em árabe – usado para comunicação com populações de língua árabe em Israel, na Autoridade Palestina e no mundo árabe; em francês – destinado principalmente ao público na França e no Canadá (Quebec); em espanhol – dirigido à América Latina e à Espanha; e em russo – usado, principalmente, para comunicação com novos imigrantes e comunidades de língua russa.

Depois do 7 de outubro, surgiu a necessidade de atuar também em português, principalmente no Brasil. Por um lado, o povo brasileiro se demonstrou muito interessado em debater o conflito no

Oriente Médio e, por outro, a desinformação no Brasil é enorme. O povo brasileiro, em sua grande maioria, não domina outros idiomas, fator que reforçou a necessidade de um porta-voz em português que pudesse falar diretamente ao público brasileiro, responder perguntas da mídia e debater sobre narrativas enganosas em relação à atuação de Israel no conflito.

A atuação da Unidade de Porta-voz das FDI, por meio de um porta-voz em português, é essencial nos meios de comunicação no Brasil e em Portugal, fornecendo notas oficiais, entrevistas e explicações sobre as operações das FDI, influenciando, assim, a maneira como os eventos são apresentados no Brasil e em Portugal.

Israel enfrenta críticas internacionais, acusações falsas e deslegitimação. A atuação em português das FDI na mídia ajuda a apresentar a posição israelense e a refutar informações falsas sobre as FDI e suas operações, publicando vídeos, fotos e depoimentos em português para mostrar a realidade da perspectiva de Israel para o povo brasileiro e português. As informações ajudam a lidar com o antissemitismo, os boicotes (BDS) e as críticas a Israel nesses países.

Portanto, a presença de um porta-voz das FDI em português é essencial para a luta contra notícias falsas, o fortalecimento dos laços com os apoiadores de Israel e a influência da opinião pública internacional nos países lusófonos.

Daí a necessidade de manter um porta-voz que domine a língua dos brasileiros, povo que, de modo geral, apoia Israel, mas nem sempre tem argumentos para discutir com pessoas que fazem falsas acusações contra o Estado de Israel, em muitos casos com base em informações distorcidas.

Enquanto o mundo ainda tentava entender o que havia acontecido no sul do território israelense, próximo à fronteira com a Faixa de Gaza, fui convidado pelo Exército de Israel para assumir o recém--criado cargo de porta-voz em língua portuguesa da instituição.

Dada a urgência do momento, meu preparo para a função de porta-voz levou, em vez dos habituais 12 meses, apenas quatro horas. O restante do treinamento deu-se na prática, nas mais de 100 entrevistas fornecidas para alguns dos principais veículos de comunicação do Brasil e de Portugal.

Minha atuação como porta-voz, porém, é só uma parte do trabalho. Por vestir uniforme militar e representar o Exército, posso ser visto como parcial. Por isso, as informações são direcionadas, muitas vezes, para aqueles que apoiam o Estado de Israel, mas carecem do conhecimento necessário para traduzir esse apoio em ações e manifestações fundamentadas em prol do Estado de Israel. As pessoas podem usar as informações corretas para conversar com seu círculo de conhecidos e argumentar melhor com aqueles que fazem acusações falsas a Israel.

Atuação do Major Rafael Rozenszajn como porta-voz das FDI na mídia lusófona.

QUAIS FORAM AS FALHAS QUE POSSIBILITARAM O 7 DE OUTUBRO?

Algumas horas depois do massacre de 7 de outubro, as Forças de Defesa de Israel retomaram o controle das comunidades no sul do país, travando combates heroicos com terroristas cruéis. **Com o decorrer da guerra, as FDI infligiram danos severos ao Hamas em Gaza, causaram perdas significativas ao Hezbollah no Líbano, e eliminaram suas cadeias de comando e dezenas de milhares de terroristas. Pela primeira vez, as FDI atacaram e destruíram alvos significativos no Irã e no Iêmen e, em uma perspectiva mais ampla, criaram as circunstâncias propícias para uma mudança positiva e profunda na posição estratégica de Israel.**

Essas conquistas foram possíveis em razão da determinação e do profissionalismo dos comandantes e combatentes das Forças de Defesa de Israel, bem como da coragem e resiliência dos cidadãos israelenses.

No entanto, as conquistas não ofuscam as falhas que permitiram o massacre de 7 de outubro. O resultado do massacre foi insuportável: mortos e feridos no corpo e na alma, pessoas sequestradas cuja libertação é uma necessidade imediata, famílias que nunca mais estarão completas e cidadãos que foram retirados de suas casas e tiveram a vida cotidiana transtornada.

Israel é uma potência mundial de inteligência. Sua capacidade de captação de informações secretas é baseada em agências de inteligência de primeira linha – o Mossad, a Unidade de Inteligência das FDI e o Shin Bet –, em tecnologia e meios cibernéticos avançados (sendo líder global no campo cibernético, com capacidades avançadas de ataque e defesa, juntamente com tecnologias de satélite, inteligência artificial e alguns dos sistemas de vigilância mais sofisticados do mundo), e em uma extensa rede de agentes infiltrados (HUMINT) e outras fontes de inteligência.

Além disso, Israel mantém forças militares terrestre, marítima e aérea avançadas, com soldados imensamente capacitados e treinados para conflitos armados com grupos terroristas.

Apesar da superioridade militar e de inteligência de Israel, não há dúvidas de que houve falhas graves no âmbito operacional e na avaliação das informações de inteligência em relação à ameaça do Hamas vinda da Faixa de Gaza. As informações sobre as intenções do Hamas existiam, mas não foram devidamente decifradas nem traduzidas em ações operacionais.

Após o ataque de 7 de outubro, investigações abrangentes foram conduzidas pelos órgãos de segurança israelenses, incluindo as FDI e o Shin Bet, com o objetivo de entender as falhas que permitiram a concretização de um dos maiores ataques terroristas testemunhados pelas últimas gerações.

A conexão entre o fracasso e a dor com a necessidade de compreender os erros, melhorar e aperfeiçoar o desempenho é o que cria a responsabilidade das FDI de investigar e corrigir as falhas.

A partir de 23 de novembro de 2023, as FDI começaram a investigar as falhas que deram as condições para o massacre de 7 de outubro. O processo de investigação incluiu análise de dezenas de milhares de documentos, gravações e depoimentos de civis, soldados e comandantes que participaram dos combates.

De acordo com as investigações, diversos fatores foram levantados como contribuintes para o colapso que permitiu a realização do ousado ataque de 7 de outubro, entre eles:

1. Falha de inteligência - uma lacuna entre a informação e sua interpretação

Israel coletou nos últimos anos informações significativas sobre o Hamas, incluindo o plano de ataque chamado "Muralha de Jericó", nome atribuído ao ataque de 7 de outubro durante a fase de planejamento e treinamento, mas não atribuiu importância operacional adequada a ele. Agentes de inteligência identificaram movimentos incomuns na Faixa de Gaza nos dias anteriores ao ataque, mas os interpretaram como parte de um treinamento e não como preparativos para um ataque nos moldes do massacre de 7 de outubro.

2. Carga operacional e foco em outros setores

Os serviços de inteligência israelenses estavam focados em outras fontes de ameaças, como o Irã e o Hezbollah, e não tratavam a Faixa de Gaza como uma ameaça prioritária e imediata. Além disso, um dia antes do ataque, uma força significativa das FDI foi desviada para a região da Judeia e Samaria (conhecida por muitos como Cisjordânia) devido às tensões ali existentes.

3. Fragilidade tática na fronteira

Israel investiu na construção da cerca de segurança ao redor da Faixa de Gaza, que deveria impedir a infiltração de terroristas e a emigração ilegal para Israel. Apesar disso, o Hamas conseguiu ultrapassar os obstáculos de segurança em minutos usando explosivos, drones e táticas de guerra não convencionais. Além disso, as forças israelenses na fronteira eram limitadas, devido a uma avaliação equivocada sobre a necessidade de uma grande mobilização naquele momento.

4. Suposição de trabalho equivocada "O Hamas está dissuadido"

A principal suposição era que o Hamas não estava interessado em um conflito em larga escala. A diretiva israelense de "gerenciamento de conflitos" permitiu que o Hamas se fortalecesse, considerando que a situação poderia ser controlada. Palestinos entravam em Israel todos os dias para trabalhar e receber tratamentos médicos; o apoio financeiro de outros países era permitido, mesmo sob a suspeita de que poderia servir para financiar a máquina terrorista; materiais que poderiam ser utilizados para ações terroristas também eram autorizados a entrar em Gaza (por exemplo, o cimento que serviu para construir túneis subterrâneos e peças de reposição para motocicletas, usadas para a manutenção de automóveis utilizados no ataque de 7 de outubro). Essa suposição significava que, mesmo quando havia sinais claros de que o Hamas estava se preparando para um movimento de agressão significativa, eles não estariam interessados em uma escalada no conflito.

As investigações revelam, portanto, que o problema não foi a falta de inteligência ou de capacitação militar, mas a falha em avaliar a situação e entender a ameaça. Após o ataque, Israel passou a implementar mudanças profundas em seu sistema de defesa, incluindo reformas de inteligência, fortalecendo as defesas no enclave de Gaza e mudando suposições básicas sobre o Hamas.

Hoje, está claro que **o ódio do Hamas por Israel, e sua ambição de apagar Israel do mapa, é muito maior do que o amor que o Hamas atribui a seu próprio povo**. O Hamas não se preocupou com o fato de que milhares de palestinos não poderiam mais trabalhar em Israel, deixariam de receber tratamento médico em hospitais israelenses e pagariam um preço incalculável por essa guerra imposta.

Fila de trabalhadores palestinos de Gaza para cruzar a Travessia de Erez a caminho de Israel, administrada pelas autoridades israelenses. Fonte: Escritório das Nações Unidas para a Coordenação de Assuntos Humanitários, novembro de 2022.

Travessia de Erez de Gaza para Israel (antes e depois do ataque de 7 de outubro)

QUAIS SÃO OS OBJETIVOS DA OPERAÇÃO MILITAR DE ISRAEL?

Israel busca garantir a **libertação de todos os sequestrados**. No massacre de 7 de outubro foram sequestrados bebês, crianças, jovens e idosos, mulheres e homens. Alguns continuam sendo mantidos como reféns em Gaza.

Além disso, Israel busca **desmantelar a capacidade militar de grupos terroristas e a habilidade governamental do Hamas em Gaza**, para que não possam mais atacar cidadãos israelenses, como eles explicitamente prometem fazer.

O disparo indiscriminado e incessante de foguetes lançados da Faixa de Gaza para Israel, a tortura generalizada e sádica, a violência sexual e a tomada de reféns, entre outros atos perpetrados no massacre de 7 de outubro, resultaram em centenas de casas incendiadas, milhares de pessoas assassinadas e feridas, e centenas de bebês, crianças, mulheres e homens feitos reféns. Essas ações – que o Hamas abertamente promete cometer novamente – são algo que nenhum país toleraria, e qualquer um agiria com mão forte e determinação contra os responsáveis por tais atrocidades.

De acordo com seu direito (e obrigação) de legítima defesa, para proteger seus cidadãos, o objetivo de Israel na guerra é tomar as medidas legítimas necessárias para **resgatar todos os reféns e garantir que a Faixa de Gaza nunca mais sirva como plataforma para o terrorismo**.

A longo prazo, Israel busca trabalhar com parceiros globais e regionais para criar uma realidade na qual a população palestina na Faixa de Gaza tenha o poder de governar a si mesma, mas não a capacidade de representar uma ameaça a Israel e seus cidadãos.

Israel não busca ocupar eternamente a Faixa de Gaza ou deslocar compulsivamente sua população civil, mas promover um futuro de paz e segurança para israelenses e palestinos.

O Irã e seus representantes, incluindo as organizações terroristas Hamas e Hezbollah, buscam mergulhar a região em um futuro de ódio e violência sem fim. Eles desejam que seu culto à morte e à jihad (a guerra santa contra os "inimigos da religião muçulmana") doutrine as mentes de mais uma geração. E eles querem negar a israelenses, palestinos e a uma série de Estados árabes na região a capacidade de avançar para um futuro de maior integração, prosperidade e coexistência.

Israel não pode permitir que eles tenham sucesso. Ou melhor, o mundo civilizado, que aprecia os valores ocidentais de liberdade, coexistência e harmonia, não pode permitir que o Irã e as organizações terroristas tenham sucesso. Israel é somente a primeira estação do trem que está em seu trajeto de destruição em direção ao resto do mundo.

É POSSÍVEL ACABAR COM O HAMAS?

O grupo terrorista Hamas é, na verdade, uma ideologia, um conceito, e, como tal, não há como eliminá-lo militarmente. A única forma de acabar com uma ideia destrutiva é oferecer outra melhor como alternativa. O desejo de Israel é que, ao menos no longo prazo, prevaleça na região uma atmosfera de coexistência, paz, harmonia e respeito. E que essa atmosfera possa substituir as ideias promovidas pelo Hamas de destruição, ódio e eliminação do Estado de Israel.

Parece que, paulatinamente, a hegemonia de apoio aos valores do Hamas na Faixa de Gaza está diminuindo. Essa mudança, infelizmente, não está relacionada à busca por ideias melhores, mas sim a uma alternativa à destruição e ao sofrimento que o Hamas causou à sua população na Faixa de Gaza.

Desde o início da guerra, o Centro Palestino de Pesquisa Política e levantamento de opinião (PCPSR), liderado pelo Dr. Khalil Shikaki, tornou-se um sismógrafo da opinião pública palestina na Faixa de Gaza. O centro, sediado em Ramallah, tem realizado pesquisas periodicamente, para avaliar a opinião pública dos palestinos na Faixa de Gaza e na Cisjordânia.

A pesquisa realizada entre palestinos na Cisjordânia e na Faixa de Gaza, publicada em 17 de setembro de 2024, descreve um cenário fascinante das posições dos palestinos em relação ao Hamas. O destaque da pesquisa é a mudança dramática na opinião pública palestina quanto ao apoio ao ataque do Hamas em 7 de outubro. Na Faixa de Gaza, apenas 39% acreditam que o Hamas tomou a decisão certa de cometer o ataque (comparado a 57% na pesquisa anterior), e na Cisjordânia, o apoio ao ataque é de 54% (comparado a 67% na pesquisa anterior).

Além disso, parece que o sofrimento causado ao povo de Gaza aumenta a rejeição de ter o grupo terrorista controlando o território. A pesquisa indica um declínio no desejo de que o Hamas continue no poder na Faixa de Gaza depois da guerra. Apenas 36% dos entrevistados gostariam que o Hamas retornasse ao poder. Na Cisjordânia, por outro lado, onde o povo está muito menos exposto à destruição da guerra, 73% gostariam de ver o Hamas restabelecer seu domínio na Faixa de Gaza.

Infelizmente, em nível partidário, o grupo terrorista Hamas continua sendo o movimento político mais popular. Dos entrevistados, 36% afirmaram preferir o Hamas, 21% declararam apoio ao Fatah e 29% disseram não apoiar nenhuma das facções palestinas.

A pesquisa incluiu 790 palestinos da Cisjordânia e 410 da Faixa de Gaza. De acordo com os organizadores da pesquisa, uma taxa de resposta impressionante de 91% foi registrada.

Os resultados da pesquisa compõem um quadro multidimensional

Acesse o QR Code para conferir mais informações da pesquisa.

da sociedade palestina e indicam uma percepção diferente da realidade, às vezes até completamente diferente, entre a Faixa de Gaza e a Cisjordânia. Isso porque **a população da Faixa de Gaza, que sofre tremendamente com a guerra imposta pelo grupo terrorista Hamas, está começando a entender que a ideia de ódio, destruição e extermínio, propagada por ele, não trará sucesso ao povo palestino**.

Infelizmente, esse entendimento começa a prevalecer apenas em razão do sofrimento, e não por meio da autorreflexão e da busca por ideias mais humanas, de coexistência, harmonia e paz. Mas, sem dúvida, é um bom começo.

Os objetivos das FDI estabelecidos nessa guerra não exigem, portanto, a destruição da ideologia do Hamas. Ideologias não são entidades físicas que podem ser destruídas pela força militar. Por mais que o apoio ao Hamas na Faixa de Gaza esteja diminuindo acentuadamente, enquanto houver pessoas que acreditem em sua ideologia, ela continuará existindo.

De qualquer forma, depois que Israel alcançar os objetivos da guerra, não haverá mais, na Faixa de Gaza, capacidade militar terrorista para colocar em prática suas ideias extremistas (ou seja, o 7 de outubro não poderá se repetir), semelhantemente ao ocorrido com a ideologia nazista, que existe apenas à margem da sociedade, sem a capacidade de ser colocada em prática após sua derrota na Segunda Guerra Mundial.

O QUE TORNA ESSA GUERRA UM DOS CONFLITOS MAIS COMPLEXOS DA HISTÓRIA DAS GUERRAS MODERNAS?

A guerra que está sendo travada na Faixa de Gaza é uma das mais complexas da história das guerras, principalmente devido a 4 fatores:

Primeiro, essa guerra é travada em um ambiente significativamente urbano e não em uma zona de combate nas fronteiras; **segundo**, a Faixa de Gaza é, proporcionalmente, um dos lugares mais densamente povoados do mundo, com uma área de 365 km^2 e uma população de mais de 2 milhões de habitantes; **terceiro**, essa guerra é travada em diversas frentes, com o Hezbollah atacando Israel a partir do Líbano, os Houthis do Iêmen e o Hamas na Faixa de Gaza. Isso sem falar da ofensiva do maior patrono terrorista do mundo – o Irã – lançando centenas de mísseis de seu território em direção ao Estado de Israel.

O **quarto**, e talvez o mais impactante, é o fato de se tratar de uma **guerra assimétrica**, ou seja, travada entre um Estado democrático de direito, que respeita todas as normas do Direito Internacional, e grupos terroristas que não têm nenhum compromisso com a legalidade de suas ações.

Assim, **os terroristas não somente lançam seus foguetes em direção a civis no território israelense (mais de 13 mil foguetes lançados da Faixa de Gaza desde o começo da guerra), mas também se escondem atrás de civis e atuam dentro de instituições não militares, utilizando pessoas comuns, inclusive crianças, como escudos humanos; não utilizam uniformes militares; proíbem a evacuação da população civil de zonas de combate, entre outras barbáries**.

A perda de vidas inocentes é uma tragédia. É uma tragédia que o Hamas imputou a todos nós. O Hamas invadiu Israel, massacrou homens, mulheres e crianças, fez reféns e agora usa cinicamente os residentes de Gaza como escudos humanos, enquanto seus militantes tentam se esconder das forças israelenses. Assim como o Estado Islâmico, eles não se importam com a vida de nenhum civil, nem mesmo com a própria população local. Isso torna essa guerra muito desafiante.

Nos termos do Direito Internacional, se uma estrutura civil for utilizada para fins militares, ela torna-se um alvo militar legítimo. Uma mesquita que serve como depósito de armas é um alvo militar legítimo. Uma casa que abriga um centro de comando militar terrorista do Hamas também é um alvo legítimo.

A população civil de Gaza não é, de forma alguma, alvo das operações israelenses. Todos os alvos das FDI são alvos militares legítimos: principalmente armamentos e locais utilizados para operações militares do Hamas, conforme identificados por meio de atividades de inteligência ou operações militares específicas. **Infelizmente, os civis pagam o preço terrível dessa guerra, mas, diferentemente do Hamas, que tem como objetivo atacar civis em Israel e comemora de forma ininterrupta suas ações cruéis contra eles, o exército israelense lamenta qualquer dano a civis, inclusive aos residentes na Faixa de Gaza.**

Entretanto, como explicado, o Hamas executa as suas operações militares deliberadamente dentro de áreas civis, incluindo casas, mesquitas e hospitais, numa tentativa de evitar ataques israelenses, usando os seus civis como escudos humanos. Eles o fazem justamente porque sabem que Israel preza pela moralidade e pelo cumprimento do Direito Internacional.

QUAL É A VERDADEIRA CAUSA DAS BAIXAS CIVIS PALESTINAS?

Enquanto Israel está comprometido em minimizar os danos civis e cumprir a lei internacional, a estratégia militar de grupos armados terroristas na Faixa de Gaza, liderados pelo Hamas, é baseada na violação às leis internacionais e na exploração cruel de civis.

Para Israel, a morte de civis é uma tragédia a ser evitada sempre que possível. Para o Hamas, cada baixa civil é uma estratégia para aumentar a pressão internacional contra Israel e fazer a guerra terminar sem que os objetivos de Israel sejam alcançados. Em outras palavras, os civis são usados pelo Hamas como escudo contra o ataque das FDI, e suas mortes servem como instrumento em uma campanha de propaganda.

Essa estratégia cruel e desumana do Hamas não é somente uma suposição. O *modus operandi* do grupo terrorista durante a guerra – incluindo o armazenamento de armamentos em casas de civis e mesquitas, o lançamento de foguetes em complexos escolares, o estabelecimento de centros de comando em zonas humanitárias, a utilização de roupas civis por terroristas e mais – não deixa margem para dúvidas. A estratégia do Hamas de sacrificar seus civis em prol da destruição de

Israel foi também revelada claramente em algumas mensagens do líder do Hamas na Faixa de Gaza, Yahya Sinwar, enviadas aos representantes do Hamas nas negociações para um cessar-fogo. Essas mensagens foram interceptadas e vazadas para o jornal americano *The Wall Street Journal* e publicadas em junho de 2024.

O jornal menciona que o líder militar do Hamas disse em suas mensagens que **o crescente número de civis mortos em Gaza procede a favor do grupo terrorista**.

"Temos os israelenses exatamente onde os queremos", disse Yahya Sinwar, segundo o jornal, em uma de suas mensagens enviadas a outros líderes do Hamas. Em outra, Sinwar teria descrito as mortes de civis como "**sacrifícios necessários**".

As mensagens relatadas pelo WSJ oferecem um raro vislumbre da mente do arquiterrorista que dirige o pensamento do Hamas sobre a guerra e sugerem uma determinação intransigente de continuar lutando para a destruição de Israel, independentemente do custo da vida humana de seus civis.

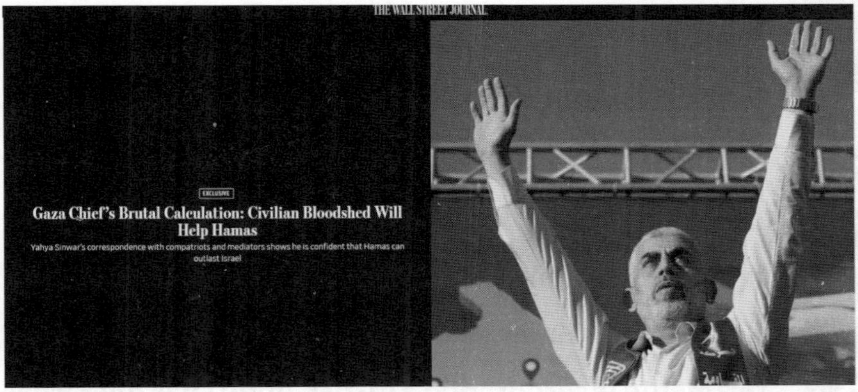
THE WALL STREET JOURNAL
EXCLUSIVE
Gaza Chief's Brutal Calculation: Civilian Bloodshed Will Help Hamas
Yahya Sinwar's correspondence with compatriots and mediators shows he is confident that Hamas can outlast Israel

Artigo exclusivo publicado no jornal americano *The Wall Street Journal*, no dia 10 de junho de 2024. Tradução: "O cálculo brutal do chefe de Gaza: derramamento de sangue civil ajudará o Hamas. A correspondência de Yahya Sinwar com compatriotas e mediadores mostra que ele está confiante de que o Hamas pode sobreviver a Israel". Sinwar lucra com as mortes de civis de Gaza, chamando-as de "sacrifícios necessários" para instar a pressão internacional sobre os esforços de Israel para eliminar sua organização terrorista.

A indignação moral pelas baixas civis deve, portanto, ser direcionada aos grupos armados terroristas que colocam deliberadamente em perigo vidas israelenses e palestinas, e que sequestraram 251 reféns para a Faixa de Gaza – e não a Israel, que busca minimizar as baixas civis no contexto de suas operações militares legítimas e diante da desumanidade do Hamas e do campo de batalha brutal que o próprio Hamas criou.

Qualquer avaliação adequada de incidentes de baixas civis nas hostilidades atuais na Faixa de Gaza requer a apreciação dos seguintes fatos:

Veja alguns exemplos de operações do Hamas:

Escolas

Instituições da ONU

Casas de civis

Cemitérios

Crianças

1. A realidade da guerra urbana em Gaza e o uso generalizado e sistemático de civis como escudos humanos

Lamentavelmente, baixas civis são um fato cruel da guerra urbana moderna. Isso é ainda mais chocante na Faixa de Gaza porque **o Hamas passou os últimos 18 anos sistematicamente incorporando e dispersando suas operações e materiais militares por toda a Faixa de Gaza, vendo os civis palestinos como escudos humanos descartáveis**.

Bases militares são estabelecidas em escolas e hospitais, foguetes e armamentos pesados são incorporados em casas de civis e em instituições da ONU, plataformas de foguetes são implementadas em cemitérios, e terroristas se escondem, sem uniformes militares, atrás de crianças e mulheres.

Enquanto Israel busca minimizar os danos civis, o Hamas busca deliberadamente maximizá-los, na esperança de que a comunidade internacional condene Israel em vez de denunciar a estratégia impiedosa do Hamas, de inescrupulosamente colocar civis em perigo.

Enquanto soldados das Forças de Defesa de Israel arriscam suas vidas para defender civis israelenses, o Hamas arrisca a vida de civis palestinos para defender os terroristas.

O Hamas busca, propositalmente, arrastar a luta para o terreno urbano, nos bairros densamente povoados na Faixa de Gaza, de modo que as áreas residenciais sirvam como campos de batalha para o Hamas lançar ataques contra Israel, causando, naturalmente, perigo aos civis e à infraestrutura civil.

O Hamas construiu um extenso conjunto de **túneis subterrâneos** por toda a Faixa de Gaza, com pontos de acesso localizados em casas, mesquitas, escolas e até hospitais, levando as batalhas (e os danos resultantes) ao coração dos arredores civis.

O Hamas também coloca diretamente em perigo os civis ao posicionar **materiais explosivos dentro e sob prédios residenciais**, instalando armadilhas em estruturas civis e, particularmente, em ruas movimentadas usadas pela população civil. Essas ações deploráveis resultam em danos diretos aos civis presentes nesses locais.

A disposição de explosivos dentro de prédios residenciais pelo Hamas causa **explosões secundárias** que danificam os arredores do alvo atingido pelo ataque inicial das Forças de Defesa de Israel.

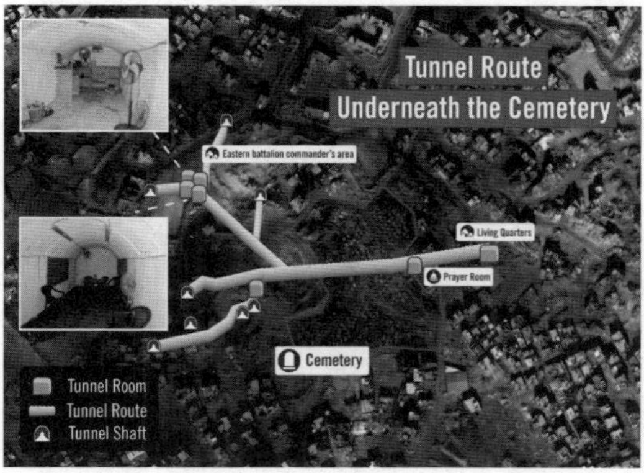

Redes de túneis subterrâneos embaixo de um cemitério. Fonte: FDI.

Redes de túneis subterrâneos embaixo de hotel. Fonte: FDI.

Lançador de foguetes entre uma mesquita e um cemitério. Fonte: FDI.

Lançador de foguetes perto de uma escola e de uma clínica médica. Fonte: FDI.

Explosivos e posto de observação dentro de uma escola. Fonte: FDI.

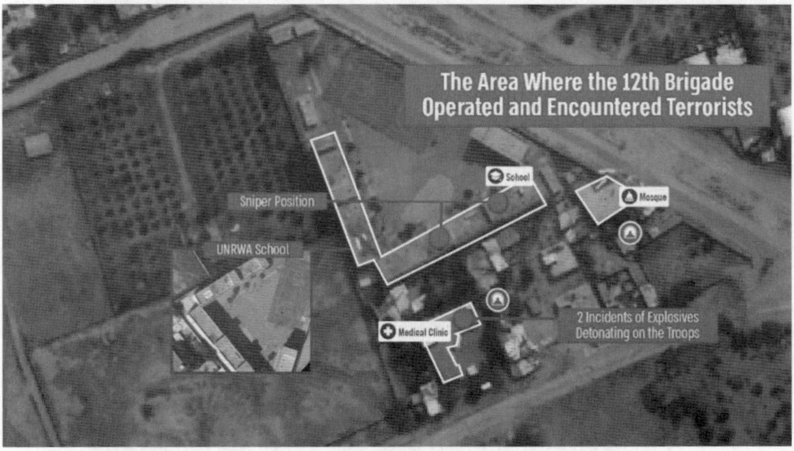

Atirador de elite do Hamas e explosivos em instituição da ONU dentro de uma escola. Fonte: FDI.

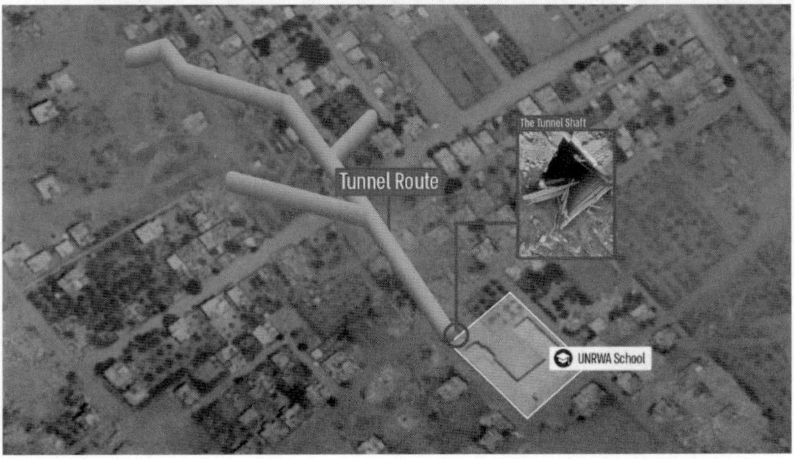

Entrada de túnel subterrâneo em instituição da ONU dentro de uma escola. Fonte: FDI.

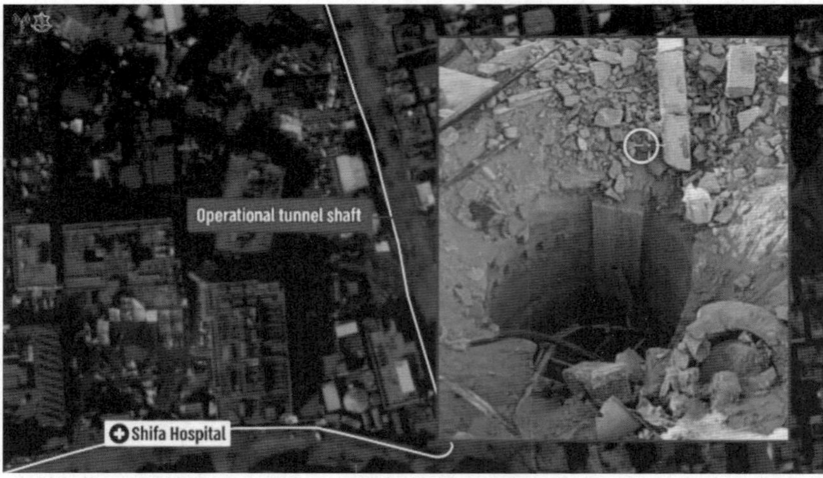

Entrada de túnel subterrâneo dentro do maior hospital de Gaza. Fonte: FDI.

Terroristas chegando com reféns no hospital Shifa, em Gaza, no dia do ataque de 7 de outubro. Fonte: FDI.

Lançador de foguetes dentro de complexo hospitalar. Fonte: FDI.

2. O Hamas não fornece nenhuma proteção para sua população e ativamente impede que os civis se protejam

O Hamas não forneceu nenhuma medida de proteção ou segurança para a população civil da Faixa de Gaza contra as devastações da guerra. Em vez disso, **o grupo terrorista disse abertamente que seus túneis são restritos apenas para seus combatentes e que não tem responsabilidade em proteger os moradores de Gaza**.

Enquanto o mundo está preocupado com a situação humanitária na Faixa de Gaza, Musa Abu Marzouk, membro do gabinete político do Hamas, disse em uma entrevista à rede RT, em 30 de outubro de 2023, que os túneis construídos em Gaza têm como objetivo proteger somente o Hamas – e não os moradores da Faixa de Gaza: "Os túneis são para nós. Os civis na Faixa de Gaza são responsabilidade da ONU".

Veja a entrevista no QR Code:

O Hamas está fazendo todos os esforços possíveis para manter civis em áreas de combate. **O grupo terrorista suplicou abertamente à população civil que ignorasse os avisos e recomendações das Forças de Defesa de Israel para evacuação temporária; montou bloqueios em estradas para impedir que as pessoas deixassem as áreas perigosas; ameaçou pessoas para que não saíssem de áreas de combate e, de acordo com alguns relatos, atirou em civis que tentavam sair para dissuadir outros.** Ao fazer isso, o Hamas coloca diretamente em perigo sua própria população.

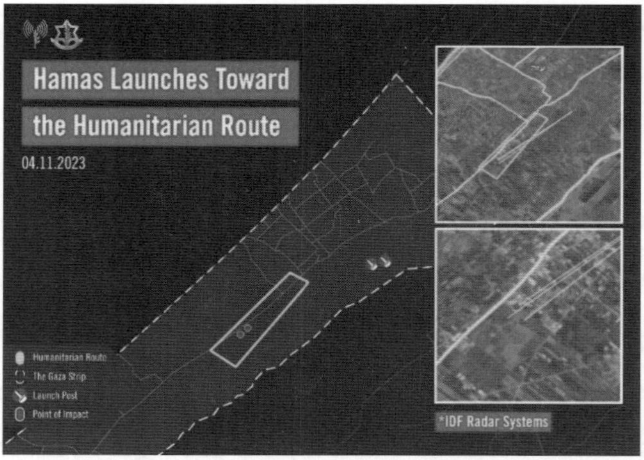

Hamas lançando foguete em direção à rota de evacuação de civis. Fonte: FDI.

Hamas bloqueando as rotas de evacuação de civis. Fonte: FDI.

3. Diferentemente de conflitos anteriores, as FDI são obrigadas a operar extensivamente em Gaza

As regras que determinam a conduta das Forças de Defesa de Israel na Faixa de Gaza não mudaram. Em conflitos anteriores, no entanto, Israel não teve como objetivo desmantelar o Hamas militarmente, e estabeleceu metas mais limitadas para degradar as capacidades militares do grupo.

À luz dos ataques cruéis do Hamas no 7 de outubro, e seu objetivo declarado de conseguir a destruição de Israel e a morte de seus cidadãos, Israel não teve outra saída a não ser definir como seus objetivos na guerra tanto a libertação dos reféns quanto o desmantelamento das capacidades militares e governamentais do Hamas.

Para atingir esses objetivos, as Forças de Defesa de Israel operam na Faixa de Gaza contra muitos tipos de alvos militares (locais de lançamento de foguetes, depósitos de armas, posições de fogo antitanque, postos de atiradores, locais de comando e controle, os próprios militantes terroristas, infraestruturas subterrâneas e mais).

Veja exemplos no QR Code:

Como resultado dos objetivos da guerra, e à luz da extensão do controle e da presença do Hamas em Gaza, **as FDI são forçadas a operar muito mais extensivamente do que em conflitos anteriores, nos quais tinham objetivos mais limitados**.

Essas operações são realizadas em ambientes urbanos e densamente povoados, contra um inimigo que busca usar civis para aprimorar suas atrocidades. Nessas circunstâncias, e considerando a estratégia abominável do Hamas, o impacto geral na população civil em Gaza – incluindo o número de vítimas – é inevitável e tragicamente maior do que em conflitos passados, embora as Forças de Defesa de Israel estejam plenamente comprometidas em minimizar danos a civis.

4. Mais de 10% dos mísseis disparados pelo Hamas e outros grupos armados caíram em Gaza

Desde o ataque de 7 de outubro, o Hamas e outros grupos terroristas da Faixa de Gaza lançaram mais de 13 mil foguetes, disparados indiscriminadamente contra Israel. **Mais de mil foguetes falharam e explodiram dentro da Faixa de Gaza.**

As evidências mostram que esses foguetes explodiram em escolas e perto de hospitais, causando danos civis incalculáveis. A natureza indiscriminada desses disparos e a probabilidade de que centenas desses foguetes tenham explodido em áreas urbanas densamente populosas sugerem que eles causaram um número significativo de vítimas civis.

Um documento interno da inteligência do Hamas, datado de 2020, apreendido pelas forças israelenses, revelou que a organização terrorista estava ciente da alta taxa de lançamentos fracassados realizados pela Jihad Islâmica e do perigo que isso representava para as casas nas áreas próximas aos locais de lançamento.

Além disso, as FDI também revelaram um documento de 2022, do departamento de coordenação militar do Hamas, detalhando os métodos de operação da ala militar da Jihad Islâmica, que realizou lançamentos fracassados e feriu muitos moradores de Gaza em 2022.

As FDI apreenderam outros documentos que indicam que **as organizações terroristas na Faixa de Gaza sabiam das trágicas consequências dos lançamentos fracassados, mas o *modus***

operandi das organizações terroristas lideradas pelo Hamas exige ocultar os dados e direcionar as acusações contra Israel.

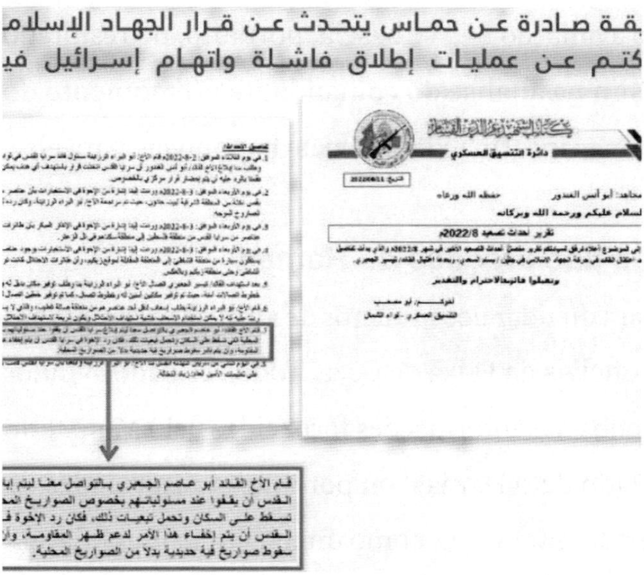

Documentos secretos do Hamas apreendidos pelas FDI na Faixa de Gaza revelam que o Hamas sabia sobre os lançamentos fracassados de Gaza para Israel e suas consequências fatais para os civis. Fonte: FDI.

5. Vítimas civis sob o Direito Internacional

Diferentemente do que muitos imaginam, um ataque que resulta, tragicamente, em vítimas civis não indica, por si só, ilegalidade ou desproporcionalidade. Mesmo que, intuitivamente, danos a civis possam indicar, equivocadamente, a violação de normas internacionais por parte de quem ordenou a operação militar, a legalidade de um ataque não pode ser tratada com base apenas em seus resultados.

O princípio da proporcionalidade em ataques militares, fixado no artigo 57 do primeiro protocolo de emenda às Convenções de Genebra, reconhece que vítimas civis podem ser um resultado inevitável, embora indesejável, de uma ação militar. De acordo com esse princípio, um ataque será proibido se o dano civil esperado for excessivo em relação à vantagem militar concreta e direta esperada. Essa avaliação não se baseia, portanto, no resultado do ataque, mas sim na análise do comandante no momento do ataque, com base nas informações prévias disponíveis para ele.

6. Mentiras nas declarações do Hamas

Há boas razões para duvidar dos números de vítimas apresentados por instituições oficiais da Faixa de Gaza. Todos os dados vindos de Gaza são baseados nas informações fornecidas pelo Ministério da Saúde controlado pelo Hamas, ou por outras autoridades do Hamas que não podem ser vistas como uma referência confiável.

É o mesmo Hamas que publicou que Israel explodiu o Hospital Al-Ahli, no norte de Gaza, em outubro de 2023, causando a morte de centenas de palestinos. Hoje está claro para todos que o foguete que explodiu no hospital foi lançado por terroristas da Jihad Islâmica de um cemitério localizado atrás do hospital e que, devido a uma falha técnica, explodiu no estacionamento do local. A verdade sobre esses fatos foi esclarecida por imagens de satélite, por uma ligação interceptada entre militares terroristas do Hamas e pelo depoimento do porta-voz da Jihad Islâmica que foi preso por Israel.

Imagem de radar das FDI que mostra o local de lançamento do foguete da Jihad Islâmica que falhou e explodiu no hospital Al-Ahli, na Faixa de Gaza. Fonte: FDI.

É o mesmo Hamas que, em 23 de novembro de 2024, publicou a foto de uma jovem sequestrada, aparentemente morta, coberta por um saco com manchas de sangue, acompanhada da frase "uma nova vítima de Netanyahu e Halevi". Em outra foto, de maneira proposital, aparecia a tatuagem da jovem, que aparentemente teria sido morta por um ataque israelense. Essa tatuagem não deixou dúvidas de que a jovem na foto, supostamente morta por um ataque aéreo israelense, era Daniella Gilboa, de 19 anos, sequestrada por terroristas do Hamas no 7 de outubro. Essa publicação do Hamas causou um sofrimento incalculável aos pais da jovem Daniella, que reconheceram a tatuagem da filha.

Daniella Gilboa foi libertada durante o acordo de cessar-fogo, em janeiro de 2025, depois de permanecer 477 dias em um cativeiro do Hamas na Faixa de Gaza. Após sua libertação, Daniella pediu desculpas aos pais pelo sofrimento causado pela falsa notícia de sua morte. Ela relatou que, durante seu cativeiro, foi forçada por terroristas do Hamas a participar de uma encenação de sua própria morte. **Os sequestradores ordenaram que Daniella se deitasse no chão, cobriram seu corpo com pó e escombros para simular que ela havia sido vítima de um ataque aéreo israelense, e filmaram a cena.**

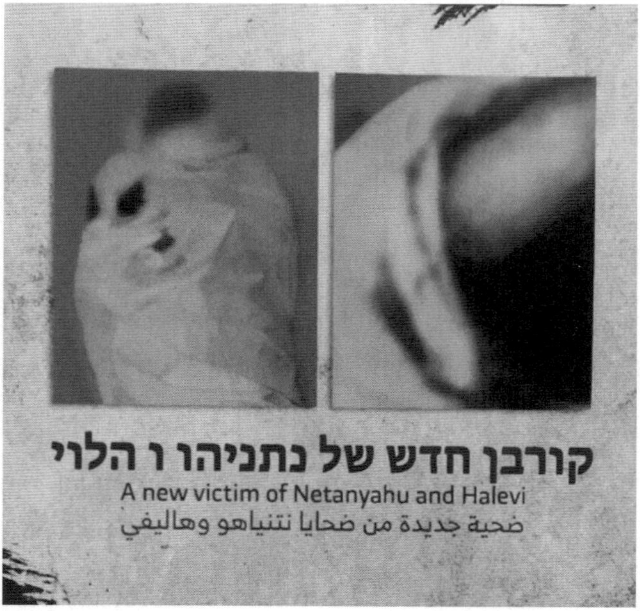

Imagem de Daniella Gilboa, aparentemente morta, em cativeiro do Hamas. A imagem foi publicada pelo grupo terrorista no dia 23 de novembro de 2024, na plataforma Telegram oficial do Hamas.

É o mesmo Hamas que alegou que os irmãos Ariel (4 anos) e Kfir Bibas (9 meses) morreram em um ataque aéreo israelense, mas investigações forenses avançadas revelaram que os bebês foram assassinados “a sangue frio”, contrariando a versão mentirosa do grupo terrorista. Além disso, em outro caso, uma investigação militar israelense concluiu que a presença de tropas em Gaza influenciou na decisão dos terroristas do Hamas de assassinar seis reféns em agosto de 2024, embora o Hamas tenha alegado que essas mortes ocorreram devido a bombardeios israelenses.

É o mesmo Hamas que, em fevereiro de 2025, entregou a Israel um corpo que não correspondia ao de Shiri Bibas, mãe dos meninos Ariel e Kfir, assassinados em cativeiro. **Após análises forenses, constatou-se que o corpo entregue não era de Shiri, mas sim de uma mulher palestina não identificada.**

Shiri Bibas e seus filhos, Ariel (4 anos) e Kfir (9 meses), que foram sequestrados e assassinados por terroristas do Hamas em 7 de outubro de 2023.

O Hamas também não revela quais vítimas são resultado de suas próprias ações, ou de ações de outros grupos armados, como as falhas nos lançamentos de foguetes, as táticas de punição utilizadas pelos grupos terroristas e outras mais.

O grupo também não revela a quantidade de terroristas eliminados em combate. Segundo dados oficiais das FDI, pelo menos 20 mil terroristas foram eliminados na guerra. Apesar dos relatórios apresentados pelo Hamas, **informações das FDI revelam que vítimas apresentadas como jornalistas são terroristas, que jovens são registrados como idosos ou crianças, que homens são registrados como mulheres e que terroristas, alguns com menos de 18 anos, são registrados como civis**.

O Hamas também não revela a quantidade de mortes naturais na Faixa de Gaza. Estudos indicam que, antes de 2023, a taxa de mortalidade anual na Faixa de Gaza era de aproximadamente 0,315%, cerca de 6.000 mortos por ano. A taxa de mortalidade é influenciada, entre outros fatores, pelas condições de vida precárias, acesso limitado a cuidados de saúde e episódios de violência esporádicos.

7. As mortes de civis em Gaza são menores do que em outros conflitos urbanos

Segundo o Hamas, cerca de 50.000 civis foram mortos na Faixa de Gaza. O grupo ignora, em seus dados bem detalhados, a quantidade de terroristas eliminados (pelo menos 20.000) e o número de civis que morreram por mortes naturais (6.000 por ano). Ou seja, supondo que realmente morreram 50.000 pessoas na Faixa de Gaza durante a guerra, deve-se fazer a seguinte divisão em relação aos números:

- 20.000 terroristas eliminados;
- 10.000 civis mortos (em mais de um ano e meio de guerra) por causas naturais;
- 20.000 civis mortos por "danos colaterais" da guerra.

Dessa forma, a proporção entre a quantidade de civis mortos na guerra (20.000) e o número de terroristas eliminados (20.000) é equivalente. Ou seja, para cada terrorista eliminado, morre, infelizmente, um civil.

Qual é a proporção entre civis e militares mortos em guerras urbanas, semelhante à da guerra travada na Faixa de Gaza?

De acordo com um relatório apresentado pelo Diretor de Coordenação de Assuntos Humanitários, Ramesh Rajasingham, no Conselho de Segurança da ONU, em maio de 2022 (SC/14904), **90% das vítimas em conflitos armados travados em áreas densamente povoadas são civis**.

Meetings Coverage
Security Council

9042ND MEETING (AM & PM)

SC/14904
25 May 2022

Ninety Per Cent of War-Time Casualties Are Civilians, Speakers Stress, Pressing Security Council to Fulfil Responsibility, Protect Innocent People in Conflicts

Protocolo do Conselho de Segurança da ONU, 25 de maio 2022. Fonte: ONU.

Esse relatório reforça outro estudo elaborado pelo **Secretário--Geral do Conselho da União Europeia**, Javier Solana, em 2009, no qual ele confirmou que:

"Desde 1990, **quase 4 milhões de pessoas morreram em guerras, 90% delas civis**. Mais de 18 milhões de pessoas em todo o mundo abandonaram as suas casas como resultado de conflito."

Global Challenges

The post Cold War environment is one of increasingly open borders in which the internal and external aspects of security are indissolubly linked.Flows of trade and investment, the development of technology and the spread of democracy have brought freedom and prosperity to many people. Others have perceived globalisation as a cause of frustration and injustice. These developments have also increased the scope for non-state groups to play a part in international affairs. And they have increased European dependence - and so vulnerability - on an interconnected infrastructure in transport, energy, information and other fields.

Since 1990, almost 4 million people have died in wars, 90% of them civilians. Over 18 million people world-wide have left their homes as a result of conflict.

In much of the developing world, poverty and disease cause untold suffering and give rise to pressing security concerns. Almost 3 billion people, half the world's population, live on less than 2 Euros a day. 45 million die every year of hunger and malnutrition. AIDS is now one of the most devastating pandemics in human history and contributes to the breakdown of societies. New diseases can spread rapidly and become global threats. Sub-Saharan Africa is poorer now than it was 10 years ago. In many cases, economic failure is linked to political problems and violent conflict.

Relatório do Conselho da União Europeia sobre estratégia de segurança, 2009.

Segundo esses estudos, seria terrivelmente esperado que a eliminação de 20.000 terroristas resultasse na morte de 180.000 civis por "danos colaterais" (90% das mortes; ou seja, para cada terrorista, morreriam 9 civis).

A pergunta correta, portanto, não seria por que morrem tantos civis em Gaza, mas sim por que razão, proporcionalmente, morrem tão poucos civis no conflito em Gaza em comparação a qualquer outro conflito armado travado em zona urbana e densamente povoada.

Para avaliar essa questão, é necessário entender as medidas de prevenção tomadas pelas FDI com o objetivo de minimizar os potenciais danos a civis na Faixa de Gaza, mesmo em um contexto complexo, no qual o inimigo, em sua plena crueldade, de forma cínica e petulante, por mais insólito que seja, faz o possível para aumentar o número de vítimas civis nessa guerra.

QUAIS SÃO OS PROTOCOLOS DAS FDI PARA EVITAR DANOS À POPULAÇÃO CIVIL DE GAZA?

A guerra entre Israel e as organizações terroristas é **assimétrica**. Ela é travada entre um Estado democrático de direito, que atua de acordo com todas as normas internacionais, e organizações terroristas que não têm nenhum compromisso com as normas internacionais.

Evidências amplamente divulgadas provam que foguetes são lançados a partir de zonas humanitárias e cemitérios; que centros de operações são estabelecidos em hospitais e escolas; que armamentos são armazenados em edifícios civis, mesquitas e instituições da ONU. Os combatentes extremistas se misturam às pessoas comuns, sem delas se distinguirem por meio de uniformes militares, e utilizam mulheres e crianças como escudos humanos.

Nesse contexto, as Forças de Defesa de Israel empregam muitas medidas para mitigar danos civis ao conduzir suas operações. Tais medidas são **aplicadas tanto no processo de planejamento** das operações militares – considerando o tipo de armamento e munição a serem utilizados, bem como **durante os ataques**, abortando investidas quando os danos civis podem ser maiores do que o inicialmente esperado. Muitos ataques foram abortados ou evitados completamente para poupar danos civis inesperados.

Veja no QR Code alguns ataques que foram abortados para evitar danos à população civil em Gaza.

A fim de fornecer um **aviso prévio eficaz** e mitigar danos desnecessários, as FDI também encorajam os civis a evacuarem temporariamente as áreas de hostilidades intensas e alvos específicos antes dos ataques. As FDI investiram recursos massivos nesses esforços, incluindo o envio de dezenas de milhões de mensagens de texto e chamadas telefônicas pré-gravadas, o lançamento aéreo de mais de 10 milhões de folhetos, a publicação de mensagens em mídias sociais, rádio e TV em Gaza, e a comunicação e cooperação com organizações internacionais em Gaza. Foram estabelecidas centrais de atendimento com soldados que falam árabe e que realizaram mais de 150 mil ligações individuais, instando civis a abandonar temporariamente áreas de combate e alvos específicos para preservar a vida de inocentes.

Lançamento de panfletos na Faixa de Gaza. Fonte: FDI.

Durante a guerra, as forças israelenses estabeleceram **zonas humanitárias e rotas para evacuação de civis e pausas locais nos combates para evacuação da população**. As FDI fornecem informações aos habitantes de Gaza sobre os locais de evacuação, as rotas e onde é possível acessar abrigos antes da intensificação das operações.

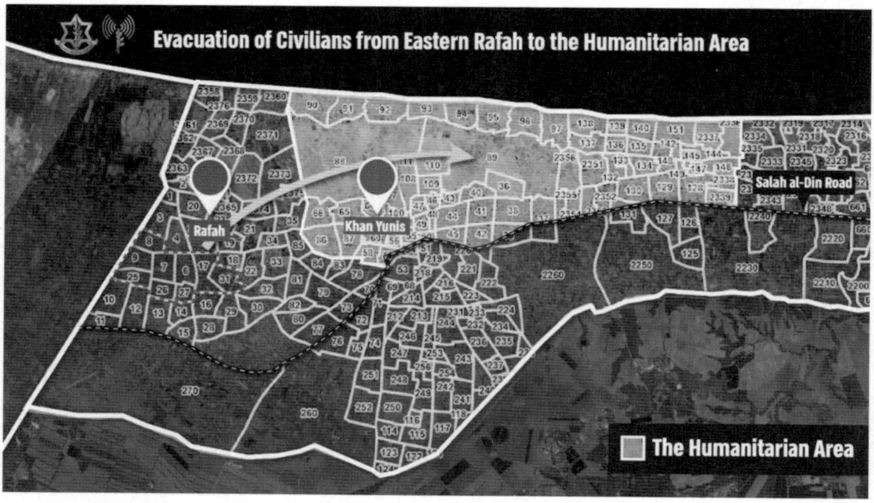

Mapa (traduzido para o inglês, no original em árabe) explicando a rota de evacuação para a população civil. Fonte: FDI.

As FDI estabeleceram uma unidade especial ("Unidade de Mitigação de Danos Civis") composta por comandantes das FDI, oficiais de inteligência, soldados que dominam a língua árabe, assessores jurídicos e outros profissionais. Essa unidade monitora constantemente, em tempo real, a implementação das recomendações de evacuação, incluindo a utilização de mídias sociais e fontes de inteligência. Os dados são atualizados continuamente e repassados às forças aéreas, navais e terrestres das FDI que operam em Gaza para aumentar sua conscientização do ambiente civil nas áreas de operação. Embora seja impossível evitar completamente danos a civis pelas razões anteriormente detalhadas, esse mecanismo provou ser eficaz e salvou muitas vidas.

Além disso, Israel enviou suprimentos para facilitar a assistência médica e o tratamento de civis feridos nos combates. Facilitou o estabelecimento de hospitais de campanha na Faixa de Gaza, incluindo até mesmo um hospital flutuante no mar.

Israel também permitiu a movimentação de civis de Gaza com o propósito de receber tratamento médico, facilitou a entrada de suprimentos médicos em Gaza e forneceu suprimentos médicos aos pacientes e funcionários de hospitais localizados em áreas de operações das forças terrestres.

Esses esforços refletem não apenas o cumprimento das obrigações legais por parte de Israel, mas também a expressão de seus valores e de seu compromisso com a humanidade. No entanto, é preciso que se reconheça que **a principal ameaça aos civis de Gaza é o fato de viverem sob o domínio de uma organização terrorista genocida, que despreza tanto a lei quanto a vida humana, inclusive a de seu próprio povo**.

As operações militares de Israel em Gaza são dirigidas única e exclusivamente contra o Hamas, a Jihad Islâmica e outros grupos terroristas armados. **As FDI não têm civis, em nenhuma circunstância,**

como alvos intencionais. Infelizmente, em algumas ocasiões, mesmo com todas as medidas preventivas anteriormente relatadas, civis acabam sendo afetados pela guerra. Isso é uma tragédia, embora, para o Hamas, a morte de civis faça parte de sua estratégia, com o objetivo de gerar comoção na comunidade internacional para o fim imediato da guerra.

Para o grupo terrorista, quanto pior, melhor. O número crescente de vítimas civis palestinas é uma forma de aumentar a pressão internacional sobre Israel pelo fim da guerra sem o alcance de seus objetivos, o que abriria espaço para a permanência do terrorismo no poder.

POR QUE O HAMAS NÃO PODE CONTINUAR CONTROLANDO A FAIXA DE GAZA?

Um cessar-fogo permanente na Faixa de Gaza, sem que o grupo terrorista Hamas seja desmantelado militarmente e impedido de governar a Faixa de Gaza, permitiria que o Hamas escapasse impune do maior ataque contra o povo judeu desde o Holocausto e se preparasse para repetir o feito.

Embora as FDI tenham estabelecido, unilateralmente, corredores humanitários e feito pausas operacionais para que civis palestinos sejam evacuados, Israel não pode implementar um cessar-fogo permanente com uma organização terrorista que ainda mantém reféns israelenses e continua declarando claramente seu objetivo de eliminar Israel do mapa e sua intenção de perpetrar ataques terroristas contra cidadãos israelenses até que o país esteja completamente destruído.

O estatuto do Hamas, as declarações de seus líderes e as suas ações no terreno demonstram uma posição decidida e determinada de continuar a matar o maior número possível de israelenses e judeus, até eliminar o Estado de Israel do mapa.

O massacre bárbaro de 7 de outubro e os contínuos disparos de milhares de foguetes lançados contra Israel desde então são a prova mais clara de que o cessar-fogo permanente com esse grupo terrorista não é sustentável nem eficaz. O Hamas utilizou todos os acordos de cessar-fogo no passado para se rearmar, se enraizar ainda mais na população civil e para planejar e executar novas atrocidades. De fato, **um cessar-fogo permanente estava essencialmente em vigor até 6 de outubro de 2023, quando o Hamas quebrou esse acordo.**

Os acordos de cessar-fogo temporário durante os conflitos passados também foram sistematicamente quebrados pelo Hamas. No conflito em Gaza de 2014, por exemplo, o Hamas utilizou um cessar-fogo temporário para realizar um ataque às forças israelenses, matando soldados e sequestrando o corpo do tenente Hadar Goldin, que até hoje está mantido em Gaza pelo Hamas.

Nenhum Estado que compartilha uma fronteira com uma organização terrorista genocida concordaria com um cessar-fogo nessas condições. Nenhum Estado deixaria de proteger os seus cidadãos nesse contexto.

Na horrenda realidade criada pelo Hamas, a ação mais humanitária que Israel pode tomar, tanto para os israelenses quanto para os palestinos, é desmantelar a capacidade militar e governamental do Hamas em Gaza o mais rápido e do modo mais eficaz possível.

O QUE ISRAEL FEZ PARA FACILITAR O FORNECIMENTO DE AJUDA HUMANITÁRIA PARA GAZA?

Durante a guerra, Israel facilitou constantemente a assistência humanitária em Gaza e trabalhou em cooperação com organizações internacionais para promover esse objetivo.

Ao mesmo tempo, foi tomada uma precaução genuína, pois a situação humanitária não pode ignorar os esforços do Hamas para desviar e roubar ajuda, assim como para infiltrar materiais militares escondidos entre os suprimentos humanitários enviados a Gaza.

De qualquer forma, não se pode ignorar o fato de que a fragilidade humanitária enfrentada pelos palestinos de Gaza começa com o total desprezo do Hamas pelo bem-estar do povo palestino.

Quem exige o aumento de entrada de ajuda humanitária para Gaza, sem também exigir que o Hamas libere os suprimentos que roubou da população civil, está efetivamente recompensando o comportamento repreensível do Hamas e legitimando que o grupo mantenha a capacidade de lançar ataques contra Israel sem assumir qualquer responsabilidade sobre sua população.

Ouça, no QR Code, o trecho de uma conversa que mostra como o Hamas busca roubar comida destinada aos civis em Gaza.

As atuais hostilidades, iniciadas pelo Hamas, resultaram em uma significativa deterioração da situação humanitária em Gaza. A causa primária para a situação atual é o tratamento dado pelo Hamas à população de Gaza durante os 17 anos em que governa a Faixa de Gaza.

O Hamas afirmou explicitamente que não se considera responsável pelo cuidado com a população que controla. O grupo não investiu em infraestruturas necessárias, como hospitais e bunkers, e não preparou a sua população para os efeitos inevitáveis da guerra que começou contra Israel.

Em vez disso, investiu na sua consolidação militar terrorista e nos ataques contra Israel, usando seus recursos para promover essa agenda em vez de apoiar sua população. **O Hamas utilizou mais de 1 bilhão de dólares para construir seu sistema de túneis subterrâneos e fabricar milhares de foguetes e materiais militares. Na preparação para as atuais hostilidades, continuou a desviar a ajuda destinada à população civil para fins terroristas, incluindo a utilização de cimento destinado à construção de moradias para formar sua enorme rede de túneis subterrâneos.**

O generoso financiamento fornecido pela comunidade internacional para ajudar a população civil acabou nos cofres do Hamas, apoiando o estilo de vida luxuoso de seus líderes e promovendo sua agenda terrorista.

Em contrapartida, Israel continuou a fornecer serviços diretamente a Gaza, garantindo os serviços essenciais à sua população civil. **Antes do 7 de outubro, Israel fornecia 50% da energia elétrica e até 10% da água de Gaza. Israel também operou passagens de fronteira para facilitar o fluxo de bens e ajuda para Gaza.**

Antes do massacre do Hamas em 7 de outubro, **quase 20.000 moradores de Gaza entravam diariamente em Israel para trabalhar**, recebendo salários até seis vezes maiores do que poderiam receber em Gaza. **Todos os anos, mais de 7.000 palestinos da Faixa de Gaza entravam em Israel para receber tratamento médico nos hospitais israelenses.**

No 7 de outubro, 9 das 10 linhas de energia elétrica vindas de Israel foram atingidas pelo Hamas. Um dos três encanamentos que transportava água de Israel para a Faixa de Gaza também foi atingido. O Hamas invadiu e destruiu a passagem de Erez, utilizada pelos moradores de Gaza para entrar em Israel para trabalhar, para tratamento médico e para viagens, além de ser o ponto de acesso para trabalhadores de organizações internacionais que vão a Gaza. Na passagem de Erez, terroristas do Hamas assassinaram e sequestraram pessoas, além de causar danos significativos à infraestrutura do local. O Hamas também atacou diversas vezes a passagem de Kerem Shalom, por onde passam mercadorias e ajuda para Gaza.

A situação humanitária em Gaza também foi afetada pelo estabelecimento de locais de lançamento de foguetes e outros ativos militares dentro e nos arredores das áreas humanitárias e de infraestrutura civil, expondo a população, deliberadamente, a danos colaterais.

Lançador de foguetes em zona humanitária na Faixa de Gaza. Fonte: FDI.

O Hamas acumula suprimentos humanitários básicos destinados à população civil e os **vende a preços altíssimos para aumentar seus recursos econômicos à custa da população civil de Gaza.**

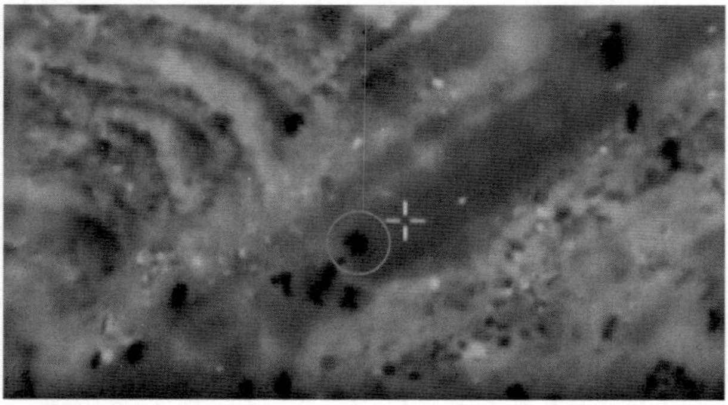

Terrorista do Hamas atirando em civis que tentavam usufruir da ajuda humanitária. Fonte: FDI. Assista ao vídeo completo no QR Code abaixo:

O Hamas também provocou a interrupção do fornecimento de serviços médicos na Faixa de Gaza ao utilizar hospitais para operações militares. Como consequência, as FDI foram obrigadas a lançar operações nesses locais e a evacuar pacientes e funcionários para mantê-los em segurança.

Conforme afirmado clara e repetidamente pelo Gabinete de Guerra de Israel e pela liderança das FDI, Israel não deseja prejudicar os civis em Gaza e tomou uma série de medidas para facilitar e expandir o fluxo de ajuda à população civil.

De acordo com o Direito Internacional, as partes de um conflito são instruídas a permitir e facilitar o acesso a remessas de suprimentos essenciais para a sobrevivência da população civil, se estes não forem adequadamente fornecidos. Essa obrigação está sujeita a importantes condições, incluindo a de que não existam razões sérias para suspeitar que as remessas estejam sendo desviadas do seu destino civil ou resultando em vantagem para os esforços militares do inimigo.

O Direito Internacional, portanto, não obriga uma das partes em conflito a fornecer, por conta própria, suprimentos ao território da outra parte, mas somente permitir e facilitar o acesso, conforme as condições anteriormente mencionadas.

Na prática, **mais de 1,5 milhão de toneladas de suprimentos humanitários entraram na Faixa de Gaza desde o começo**

da guerra, embora o Hamas possua muitos suprimentos essenciais que poderiam prover o sustento da população civil.

Israel facilitou a criação de hospitais de campanha em Gaza, um hospital flutuante no mar e trabalhou em cooperação com outros países para estabelecer hospitais de campanha adicionais.

Israel também facilitou a movimentação de pessoas para fora de Gaza para que pudessem receber tratamento médico, viabilizou a entrada de suprimentos médicos na Faixa de Gaza e forneceu suprimentos médicos a pacientes e funcionários em hospitais localizados em áreas onde as forças terrestres das FDI estavam operando.

Todos que se preocupam com a população civil da Faixa de Gaza devem, antes de criticar Israel, exigir que o Hamas pare de usar táticas abusivas, roubando os suprimentos humanitários para vendê-los a preços elevados, com o objetivo de sustentar a máquina terrorista.

A RESPOSTA DE ISRAEL AOS ATAQUES DO HAMAS É PROPORCIONAL?

O Direito Internacional entende que, infelizmente, os civis pagam o preço de qualquer conflito armado. A questão aqui é saber se os civis que são afetados são alvos intencionais dos ataques, como foram os israelenses no 7 de outubro, e se a ofensiva é proporcional. **O conceito de resposta proporcional é, muitas vezes, mal compreendido, como se, para uma reação ser considerada proporcional, o número de vítimas de ambos os lados tivesse que ser semelhante. No entanto, a questão não está ligada a termos quantitativos.**

O primeiro protocolo de 1977 da Convenção de Genebra, em seu artigo 57, exige uma avaliação da vantagem militar concreta esperada em relação aos danos previstos a civis. **Se os danos a civis superarem, de forma exagerada, a vantagem militar, o ataque fere as normas de guerra. Em outras palavras, desde que os alvos e os objetivos tenham caráter militar e grande importância estratégica, o Direito Internacional pode considerar legal até mesmo um elevado número de mortes de civis.**

Na prática, se para atingir um membro do baixo escalão do Hamas for necessário um ataque que ameace uma creche, é natural que essa missão seja abortada. Por outro lado, se o líder atual da organização terrorista estiver escondido em um túnel cercado por sua família, a operação para eliminá-lo não seria considerada desmedida, exatamente pela importância militar do alvo.

Por esse princípio, é proibido realizar um ataque se a perda incidental esperada de vidas civis, os ferimentos a civis ou os danos a objetos civis forem excessivos em relação à vantagem militar concreta e direta prevista. Assim, o princípio da proporcionalidade em ataques deve ser aplicado a todo e qualquer ataque independentemente, e não se relaciona com o uso geral da força militar.

As vantagens militares que as FDI estão buscando incluem destruir armamentos militares inimigos, eliminar terroristas, degradar a capacidade inimiga de comandar e controlar operações, neutralizar túneis subterrâneos e infraestruturas usadas para fins militares e desmantelar posições que colocam em risco as forças terrestres israelenses (como postos de atiradores, antitanques e vigilância). São ações que contribuem para o objetivo geral de garantir a libertação dos reféns e remover a capacidade do Hamas de atacar Israel e seus cidadãos.

O Direito Internacional prevê, portanto, que o princípio da proporcionalidade seja baseado na avaliação do comandante militar no momento do ataque, e não retrospectivamente: o teste é orientado para a conduta, não para o resultado. **Baixas civis ou danos a instituições civis não permitem, por si só, uma conclusão em relação à proporcionalidade sem uma avaliação**

tanto do *dano civil* esperado (antes do ataque) quanto da vantagem *militar* prevista no momento do ataque.

É importante frisar que os números gerais de baixas em um conflito não indicam, por si só, uma violação desse princípio, pois o princípio de proporcionalidade requer uma avaliação individual para cada ataque. Dessa forma, um ataque causando 500 baixas deve, lógica e legalmente, ser visto de forma diferente de 500 ataques contra objetivos militares resultando no mesmo número de baixas.

Infelizmente, muitas organizações fazem pronunciamentos equivocados sobre proporcionalidade apenas com base nos danos colaterais causados aos civis, sem ter a experiência militar ou os dados necessários para avaliar o outro lado da questão.

Em muitos casos, um prédio aparentemente civil em Gaza, como uma escola, um hospital ou até uma mesquita, é usado como centro de operações militares do Hamas. O uso de civis palestinos como escudos humanos por parte dos terroristas exige ainda mais cuidado nas operações das FDI contra os redutos, os comandos e a infraestrutura da organização extremista, uma vez que as FDI estão comprometidas com as normas internacionais, incluindo o princípio da proporcionalidade.

Como já mencionado, as Forças de Defesa de Israel fazem muitos esforços para minimizar baixas civis, inclusive instando os civis a evacuar temporariamente as áreas de combate mais intenso e perigoso – por chamadas telefônicas, panfletos, mensagens e outros meios – e facilitando sua evacuação segura.

Qualquer análise do cumprimento das leis de guerra por Israel deve basear-se em provas e seguir as leis internacionais. Quando um grupo terrorista ataca a população civil e utiliza o seu próprio povo para se proteger, não há espaço para avaliações superficiais.

AS AÇÕES DE ISRAEL CONTRA O HAMAS EQUIVALEM A UMA PUNIÇÃO COLETIVA DA POPULAÇÃO CIVIL?

As operações de Israel são dirigidas contra o Hamas e a Jihad Islâmica e são realizadas a fim de neutralizar a ameaça representada por eles e garantir a libertação dos reféns.

Israel não busca, de forma alguma, prejudicar a população civil em Gaza. Pelo contrário, para Israel, qualquer dano à população civil é uma tragédia.

As operações de Israel visam impedir que o Hamas volte a cometer massacres como o atentado de 7 de outubro, lançar foguetes em direção a Israel e continuar representando uma ameaça aos cidadãos israelenses.

Infelizmente, os civis de Gaza são tragicamente colocados em perigo, uma vez que armamentos militares e terroristas estão localizados dentro e abaixo da infraestrutura civil, além de serem usados como escudos humanos pelo Hamas. Isso faz parte da estratégia do grupo terrorista.

Longe de procurar impor "punição coletiva", o Estado de Israel está comprometido com as leis internacionais. Em particular, as

FDI atuam de acordo com os princípios de distinção, precaução e proporcionalidade na condução de ataques contra objetivos militares, e se esforçam para mitigar danos civis, mesmo que o Hamas tente maximizá-los.

Tragicamente, como em toda guerra, ataques militares têm um impacto na população civil. Mas acusar Israel de "punição coletiva" é difamação. A parte culpada pelo sofrimento de civis em Gaza é o Hamas, que, em suas palavras e ações, demonstra seu empenho em sacrificar civis palestinos por meio de suas atuações genocidas.

AS RESTRIÇÕES DE ISRAEL SOBRE GAZA ANTES DO 7 DE OUTUBRO SÃO JUSTIFICADAS?

O óbvio é preciso ser dito e repetido: **o terror do Hamas não é resultado de restrições israelenses. As restrições de Israel sobre a Faixa de Gaza foram resultado direto do terrorismo aplicado pelo Hamas.**

O Hamas tem perpetrado ataques terroristas contra Israel desde muito antes de assumir o poder sobre Gaza. Muitas centenas de civis israelenses foram assassinados ao longo dos anos, muito antes do 7 de outubro de 2023, resultado dos atentados suicidas do Hamas e de outros ataques terroristas.

O Hamas demonstrou não poupar esforços para sabotar qualquer perspectiva de paz entre Israel e a Autoridade Palestina.

Após a assinatura dos Acordos de Oslo em 1993, que em sua fase final estabeleceria de forma pacífica um Estado palestino ao lado do Estado de Israel, o Hamas aumentou suas atividades terroristas contra Israel com o objetivo de frustrar o processo de paz. Em 6 de abril de 1994, o Hamas realizou seu primeiro ataque suicida em Afula, no norte de Israel, seguido por ataques adicionais em Hadera, Tel Aviv e outras cidades. Em janeiro de 1995, um duplo atentado suicida ocorreu no cruzamento de Beit Lid, assassinando 22 pessoas. Entre setembro de 1993 e setembro de 1995, período adjacente às negociações de paz, 164 pessoas foram assassinadas e centenas ficaram feridas em ataques terroristas. Posteriormente, milhares de israelenses foram assassinados e feridos em diversos ataques terroristas liderados pelo Hamas.

Em 2005, Israel retirou, unilateralmente, todos os seus soldados e civis da Faixa de Gaza, deslocando dezenas de comunidades judaicas da Faixa de Gaza para Israel. A Autoridade Palestina recebeu o território da Faixa de Gaza, incluindo uma zona costeira com potencial para se tornar uma história de sucesso econômico e político.

Foi alcançado um acordo sobre circulação e acesso na fronteira entre Gaza e Egito. Essa travessia era controlada pela Autoridade Palestina, sob a supervisão de monitores da União Europeia. Nos 19 meses em que esteve em funcionamento, esse ponto de passagem foi utilizado por aproximadamente 450.000 pessoas, cerca de 1.500 por dia.

Em 2007, o Hamas completou sua tomada violenta da Faixa de Gaza, atacando e matando representantes da Autoridade Palestina e impondo um regime totalitário sobre Gaza, desprovido de direitos humanos, liberdade de expressão e valores

básicos democráticos. Os monitores europeus na travessia da fronteira com o Egito fugiram para salvar suas vidas.

Vale ressaltar que os acordos de acesso e circulação também incluíram disposições para a construção de um porto marítimo e um aeroporto, bem como para o trânsito entre Gaza e o Ocidente, mas foram frustrados pela violência do Hamas e pela rejeição de qualquer cooperação com Israel. Além disso, o uso consistente de áreas marítimas pelo Hamas para realizar ataques e contrabandear armas exigiu um bloqueio naval imposto por Israel em 2009, de acordo com o Direito Internacional. Ao longo dos anos, Israel aliviou as restrições à utilização da zona marítima pelos habitantes de Gaza, dependendo da avaliação atualizada de segurança.

Os críticos da política israelense raramente mencionam a fronteira que a Faixa de Gaza também tem com o Egito. O próprio Egito reconheceu a necessidade de impor restrições fronteiriças para evitar o contrabando de armas para a Faixa de Gaza. O presidente da Autoridade Palestina, Mahmoud Abbas, posicionou-se a favor das restrições para impedir que armas cheguem ao Hamas em Gaza.

Causa e efeito não devem ser confundidos. Foi o terror do Hamas que trouxe a miséria para Gaza. **As restrições israelenses são ações necessárias para garantir a defesa dos cidadãos de Israel contra atos de terrorismo. A erradicação do terrorismo é a solução que pode oferecer um futuro sem violência, tanto para israelenses quanto para palestinos.**

O HAMAS É "UM MOVIMENTO DE RESISTÊNCIA"?

O Estatuto do Hamas, também chamado de "Carta do Hamas", foi publicado originalmente em 1988. Ele estabelece os princípios e objetivos do grupo, incluindo a **destruição do Estado de Israel** e a defesa da luta armada como meio para estabelecer um Estado islâmico no território israelense.

O Estatuto do Hamas inclui referências a Israel como uma entidade ilegítima e defende a luta armada como o único meio para alcançar o objetivo de eliminá-la.

Em 2017, o Hamas publicou um novo documento político. Mesmo não mencionando explicitamente a destruição de Israel, o documento continua rejeitando sua legitimidade e defendendo a "libertação total da Palestina". O grupo também reafirma o uso da "resistência armada" como meio para alcançar seus objetivos.

Apesar da mudança de tom, o Hamas ainda não reconhece o Estado de Israel e mantém a oposição à sua existência.

O Hamas se define como um movimento de resistência contra a "ocupação" israelense na Faixa de Gaza e reivindica o direito à luta armada; porém, **Israel não mantém ocupação na Faixa de**

Gaza desde 2005, quando retirou suas tropas e assentamentos do território no chamado "Plano de Desengajamento".

Mesmo que Israel ainda exerça controle sobre o espaço aéreo, as águas territoriais e grande parte das fronteiras terrestres de Gaza, impondo restrições à circulação de pessoas e mercadorias, isso se deve ao fato de o Hamas ser responsável por inúmeros ataques contra civis israelenses, incluindo atentados suicidas e disparos de foguetes. Essas restrições são, portanto, medidas de segurança necessárias para conter ataques do Hamas e de outros grupos terroristas da Faixa de Gaza. O Egito também controla a fronteira sul da Faixa de Gaza, na passagem de Rafah, e impõe restrições semelhantes.

Israel faz uma verificação do que entra na Faixa de Gaza por terra, ar ou mar para que o Hamas não tenha acesso a armamentos e matérias-primas importantes para o desenvolvimento de sua capacidade militar. Sem isso, o grupo poderia dispor de mísseis teleguiados para alcançar qualquer ponto de Israel, bem como de outros recursos tecnológicos avançados que levariam seu potencial destrutivo a um patamar muito maior.

O Hamas perpetua-se no poder na Faixa de Gaza desde 2007. Nesse período, o grupo gastou uma quantia avaliada em cerca de US$ 1,3 bilhão na construção de aproximadamente 500 quilômetros de túneis subterrâneos, quantia suficiente para erguer, por exemplo, dois hospitais, quatro escolas e três shopping centers.

O ataque terrorista de 7 de outubro não contribuiu em nada para os palestinos. Pelo contrário. Antes da guerra, cerca de 18.500 deles trabalhavam em Israel com salários até seis vezes maiores do que ganhariam na Faixa de Gaza, que registra um índice de desemprego muito alto. Além disso, em 2022, 7.500 palestinos receberam tratamento em hospitais israelenses. Atualmente, isso não é mais possível.

No entanto, **mesmo que o Hamas se defina como um movimento de resistência, devido às suas táticas, como ataques direcionados a civis e o uso de métodos violentos, qualquer definição do Hamas diferente de organização terrorista é um equívoco que favorece a continuação de suas ações terroristas, causando mal não somente a Israel, mas também ao próprio povo palestino.**

COMO EXPLICAR AS CRÍTICAS CONTUNDENTES DA ONU E SUAS ORGANIZAÇÕES SOBRE ISRAEL?

Embora a Organização das Nações Unidas (ONU) tenha sido criada para ser uma organização internacional que busca promover a paz e os direitos humanos, países-membros utilizam a ONU como uma plataforma para representar interesses políticos.

Ainda que países e organizações sustentem que as resoluções da ONU contra Israel refletem preocupações legítimas sobre as políticas israelenses, especialmente em relação aos palestinos, **a ONU tem um viés inexplicável contra Israel, especialmente em órgãos como o Conselho de Direitos Humanos e a Assembleia Geral**. Essa percepção se deve a uma série de fatores.

1. Número desproporcional de resoluções contra Israel

A Assembleia Geral da ONU dedica uma quantidade significativa de tempo e atenção à causa palestina, aprovando resoluções que frequentemente criticam Israel. Por exemplo, **nos últimos 10 anos, entre 2015-2025, foram aprovadas mais de 150 resoluções**

condenando Israel. Nesse mesmo período, foram aprovadas apenas 11 resoluções contra a Síria, 9 contra a Coreia do Norte e 8 contra o Irã. Essa desproporção é inaceitável, tendo em vista que Israel é um Estado democrático de direito, enquanto esses outros países são totalitários, ditatoriais, repressores e violadores dos direitos humanos básicos.

2. A composição do Conselho de Direitos Humanos da ONU

O Conselho de Direitos Humanos da ONU (CDH), estabelecido em 2006 pela Assembleia Geral da ONU, é responsável por promover e proteger os direitos humanos em todo o mundo. O Conselho examina a situação dos direitos humanos em diferentes países, usando relatórios e documentos enviados por especialistas, órgãos da ONU e países-membros. Ele adota resoluções e recomendações para promover os direitos humanos, incluindo a proteção contra abusos como tortura, discriminação e privação de liberdade.

O Conselho de Direitos Humanos é composto por 47 países-membros, eleitos pela Assembleia Geral da ONU para mandatos de três anos. A composição é baseada em uma distribuição geográfica equitativa, com membros eleitos de diferentes regiões do mundo.

Alguns países com histórico de violações de direitos humanos – como Irã, Cuba, Venezuela e outros – fazem parte do Conselho de Direitos Humanos e votam consistentemente

contra Israel, o que gera uma imparcialidade constante em relação ao país.

3. Entidades especiais com foco em Israel

Guerras e conflitos ao redor do mundo causam um alto custo em vidas civis e danos irreversíveis à população civil em diversos lugares no mundo.

Estimativas indicam que na guerra civil da **Síria**, que teve início em 2011, morreram mais de 300.000 civis (cerca de 90% foram mortos pelas forças do regime sírio e seus aliados).

Na Guerra do **Congo**, travada no começo do século, também conhecida como a "Grande Guerra da África" – uma das mais mortais desde a Segunda Guerra Mundial –, estimativas indicam que mais de 5 milhões de pessoas morreram, sendo que a maioria pereceu de fome ou de doenças causadas pela guerra.

A guerra civil do **Sudão do Sul**, iniciada em 2013, ceifou a vida de aproximadamente 400.000 pessoas e levou ao deslocamento de mais de 4 milhões de moradores.

Na guerra civil do **Iêmen**, que começou no final de 2014, o número de mortos teria chegado a aproximadamente 400.000.

Mesmo com tantos conflitos, mortes e refugiados ao redor do mundo, a ONU opera uma série de comitês e organizações que se concentram exclusivamente em Israel e no conflito israelense-palestino, como o **Comitê de Inquérito sobre Israel** – um órgão permanente que investiga as ações israelenses nos territórios palestinos – e a **UNRWA** – a única agência da ONU que se destina apenas a um setor de refugiados palestinos, e não a outros refugiados no mundo.

4. Os países-membros na ONU

Muitos Estados-membros da ONU não mantêm relações diplomáticas com Israel ou apoiam, automaticamente, posições contra Israel. **O bloco de países árabes e islâmicos, junto com outros países não democráticos, forma uma maioria absoluta que frequentemente leva a decisões unilaterais contra Israel.**

EXISTEM PROVAS DA PARTICIPAÇÃO ATIVA DE FUNCIONÁRIOS DA UNRWA NO MASSACRE DE 7 DE OUTUBRO?

De acordo com informações de inteligência apresentadas por Israel, pelo menos 12 funcionários da UNRWA estavam envolvidos diretamente no ataque terrorista de 7 de outubro. Relatórios de inteligência israelenses indicam que aproximadamente **10% dos funcionários da UNRWA na Faixa de Gaza** são afiliados a organizações terroristas, incluindo Hamas e Jihad Islâmica.

Diversas evidências foram capturadas durante as operações das FDI em Gaza que provam a cooperação entre funcionários da UNRWA e grupos terroristas: cintos explosivos, granadas e armas escondidas na sede da entidade, no centro da cidade de Gaza; armas guardadas em bolsas com o logotipo da UNRWA; ataques contra as FDI a partir de um complexo escolar da UNRWA e civis alvejados por terroristas em um complexo logístico da instituição, em Rafah, destinado à distribuição de ajuda humanitária.

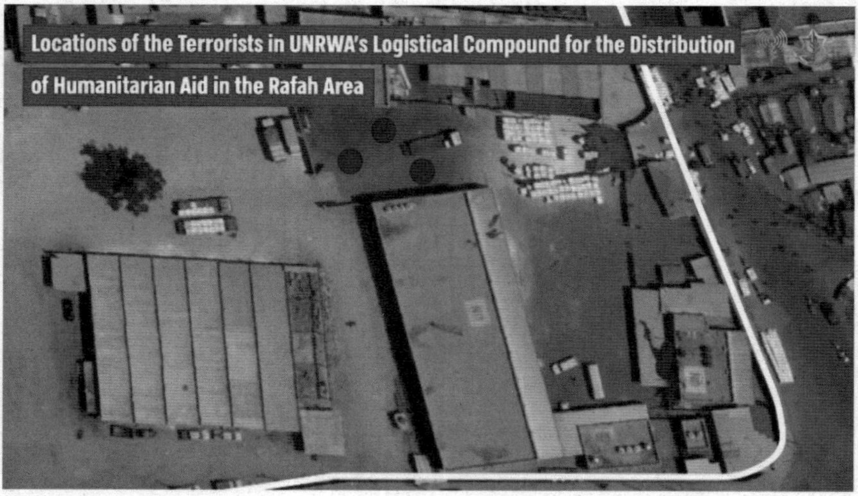

Terroristas localizados em um complexo logístico da UNRWA para distribuição de ajuda humanitária. Fonte: FDI.

Em uma ligação interceptada pelo exército israelense, um participante do massacre de 7 de outubro menciona diversos atos de violência. Não era apenas um membro do Hamas, mas um professor de uma escola primária da UNRWA em Gaza que, a seu interlocutor, se referia a mulheres reféns como "cavalos nobres". Ambos os homens falaram de estupros e invasões, entre outras ações.

Acesse o QR Code para ouvir a conversa completa.

Não é uma coincidência. O Hamas usa organizações humanitárias para cometer crimes contra a humanidade. As doações da comunidade internacional têm sido desviadas para o financiamento do terrorismo.

QUAL O PAPEL DO IRÃ NA GUERRA?

O Irã é a principal força desestabilizadora no Oriente Médio. **Ele financia, treina e fornece conhecimento militar e armamentos a grupos terroristas em todo o Oriente Médio, e mais.**

Desde o início da guerra, o Irã escondeu-se atrás de seus representantes terroristas: o Hamas, apoiado pelo Irã, iniciou essa guerra em 7 de outubro; também apoiado pelo Irã, o Hezbollah expandiu essa guerra em 8 de outubro, lançando foguetes e drones do Líbano para atacar Israel; e, desde então, milícias apoiadas pelo Irã no Iraque e na Síria passaram a atacar Israel; além dos Houthis, que, apoiados pelo Irã no Iêmen, expandiram o conflito para uma esfera global.

No dia 13 de abril de 2024, o Irã revelou sua verdadeira face, com uma ofensiva direta contra Israel, disparando cerca de 350 mísseis balísticos, aviões não tripulados (drones) e mísseis de cruzeiro (teleguiados), em um ataque coordenado em grande escala, com aproximadamente 60 toneladas de ogivas e materiais explosivos. Para se ter ideia, 100 kg de explosivos são suficientes para destruir um prédio de 16 andares. **O ataque do Irã tinha capacidade para destruir 600 prédios em Israel, caso os mísseis não tivessem sido interceptados!**

É evidente que esse ataque sem precedentes demonstra como o regime do Irã representa uma ameaça não só para Israel, mas para o Oriente Médio e o mundo todo.

Uma coligação defensiva de parceiros internacionais operou em conjunto contra esse ataque. Das ameaças iranianas lançadas contra Israel, 99% foram interceptadas, a maioria fora do território israelense. Dos 170 aviões iranianos não tripulados lançados, nenhum conseguiu infiltrar-se em território israelense, todos foram abatidos por Israel e por seus parceiros. Dos 30 mísseis de cruzeiro iranianos lançados, nenhum entrou no espaço aéreo israelense, 25 deles foram abatidos pela Força Aérea Israelense fora de Israel. A maioria dos 120 mísseis balísticos disparados pelo Irã foi interceptada, inclusive pelo novo sistema israelense de defesa aérea Arrow.

O ataque iraniano causou danos pequenos à infraestrutura da base da Força Aérea de Nevatim, que continuou operando normalmente. Contudo, os ataques aéreos iranianos deixaram uma menina de 7 anos gravemente ferida em Israel.

Não fosse o sistema antiaéreo israelense para defender os cidadãos israelenses da agressão iraniana, os danos causados a civis, residências, infraestruturas críticas e bases militares seriam imensos.

Esse incidente marcou uma escalada significativa no conflito entre Irã e Israel, pois foi a primeira vez que o Irã realizou um ataque direto ao território israelense, transformando o que antes era uma *proxy war* ("guerra por procuração", ou seja, um conflito

militar em que duas ou mais potências se envolvem indiretamente) em um confronto direto.

Em 1º de outubro de 2024, o Irã fez um segundo ataque direto contra Israel. Durante essa ofensiva, foram disparados 181 mísseis em pelo menos duas ondas, atingindo diversas áreas, incluindo Jerusalém e Tel Aviv. O ataque danificou uma escola em Gedera e um restaurante em Tel Aviv, e resultou em dois israelenses levemente feridos e na morte de um palestino na Cisjordânia.

Em junho de 2025, Israel realizou ataques preventivos cirúrgicos em território iraniano, atingindo, entre outros alvos, mais da metade da cadeia de comando militar do regime iraniano, além de infraestrutura militar e nuclear estratégica. As operações demonstraram capacidade israelense de ataque de longo alcance, com alto nível de precisão e inteligência operacional. Embora a guerra tenha durado apenas alguns dias, deixou marcas estratégicas profundas:

- enfraqueceu significativamente o arsenal de mísseis balísticos do Irã;
- atrasou o avanço do programa nuclear iraniano;
- e redefiniu a postura de Israel como um ator regional com poder ofensivo e dissuasório efetivo.

Em resposta, o Irã lançou mais de 500 mísseis balísticos e mais de mil drones com explosivos contra o território israelense. A grande maioria foi interceptada com sucesso pelo sistema de defesa aérea israelense, em cooperação com aliados. No entanto, alguns projéteis atingiram áreas civis, resultando em mais de 25 civis mortos e centenas de feridos.

O ataque iraniano não fez distinção entre alvos civis e militares, configurando uma violação do Direito Internacional e reforçando o caráter irresponsável e terrorista da ofensiva.

O Irã é o maior Estado patrocinador do terrorismo no mundo. Sua rede de terror não ameaça apenas o povo de Israel, mas todo o mundo. Os grupos utilizam armamento iraniano, conhecimento iraniano e dinheiro iraniano para concretizar seus planos terroristas.

ISRAEL COMETE ATOS DE GENOCÍDIO EM GAZA?

Acusações de genocídio estão sendo feitas contra Israel sem nenhuma base em fatos, e desconectadas da definição de genocídio fixada pelo Direito Internacional.

O crime de genocídio foi legalmente definido em 1948, pela Convenção das Nações Unidas para a Prevenção e Punição do Crime de Genocídio, em resposta direta ao Holocausto. Essa definição requer dois elementos:

1. **Intenção comprovada de destruir,** no todo ou em parte, um grupo nacional, étnico, racial ou religioso (ou seja, *querer* cometer genocídio).
2. **Cometer atos específicos,** incluindo matar, causar danos graves, criar condições destrutivas, impedir nascimentos ou transferir crianças à força (ou seja, praticar conduta real de genocídio).

Em tempos de conflito, termos como "genocídio" são utilizados de forma vertiginosa e emocional, em vez de analiticamente. Para além dos riscos da rotulagem falsa, isso banaliza a própria definição, diminuindo o significado jurídico e histórico do termo; enfraquecendo a resposta internacional aos genocídios reais; e ignorando a análise jurídica cuidadosa necessária para uma acusação tão grave.

O termo "genocídio" exige uma avaliação ponderada e baseada em evidências em função de critérios legais específicos – não apenas a presença de vítimas civis ou a escalada de operações militares. Essa análise deve examinar tanto as ações como as intenções, diferenciando objetivos militares legais de ações ilegais direcionadas contra grupos civis.

Em 7 de outubro de 2023, o Hamas realizou um ataque visando deliberadamente civis israelenses, assassinando aproximadamente 1.200 pessoas, com provas documentadas de tortura, estupros e sequestros. Esse ataque demonstrou uma intenção clara de atingir um grupo nacional e religioso específico, cumprindo os critérios legais do termo "genocídio".

Diferentemente do Hamas, que visa assassinar a população civil israelense, a guerra de Israel nunca foi contra o povo de Gaza. Assim, enquanto ocorre um ataque sem precedentes à frente interna israelense, com mais de 13 mil foguetes lançados e o maior ataque contra o povo judeu desde o Holocausto, Israel continuou a apoiar e a facilitar um amplo apoio humanitário.

Desde o começo da guerra, Israel já facilitou a entrada de mais de 60 mil caminhões transportando mais de 1,5 milhão de toneladas de ajuda humanitária para a Faixa de Gaza e mais de 27,5 milhões de litros de combustível para serviços essenciais; além disso, apoiou o estabelecimento de 13 hospitais de campanha, realizou a manutenção de três tubulações de água de Israel para Gaza (incluindo reparação de algumas que foram danificadas pelo Hamas no ataque de 7 de outubro) e manteve o funcionamento de 12 padarias que produzem 3 milhões de pães diariamente, entre outras ações.

Além das ajudas humanitárias, as Forças de Defesa de Israel tomaram diversas medidas para minimizar os danos potenciais a civis na Faixa de Gaza: foram feitos avisos prévios para a evacuação da população civil (com mais de 150 mil ligações, mais de 10 milhões de panfletos distribuídos e utilização da mídia disponível), foram abortados diversos ataques aéreos devido à presença inesperada de civis perto do alvo a ser atacado e foram utilizados armamentos cirúrgicos.

Essas ações, que são somente parte dos esforços de Israel em relação à população civil na Faixa de Gaza, comprovam a ausência de qualquer intenção de cometer atos de genocídio.

As operações israelenses têm como alvo a infraestrutura militar terrorista do Hamas, com objetivos declarados de recuperação de reféns e neutralização de ameaças terroristas. Assim como afirmado várias vezes, o objetivo de Israel é resgatar os reféns e desmantelar a capacidade militar e governamental do Hamas, e não prejudicar a população civil de Gaza.

Embora o conflito tenha resultado em um número significativo de vítimas civis e em desafios humanitários, o limiar legal para o genocídio – especificamente a necessária intenção de destruir um grupo protegido e a prática de destruição real – não é atingido.

Os esforços humanitários, o apoio às infraestruturas civis e o empenho para minimizar danos a civis em Gaza, em um contexto de guerra no qual os terroristas utilizam civis como escudos humanos, contradizem diretamente as acusações de genocídio feitas a Israel.

Se existe genocídio nesse conflito, ele é cometido pelo Hamas, que visa claramente atingir civis e diz descaradamente que seu objetivo é eliminar Israel do mapa.

AS FDI ATUAM DE ACORDO COM AS NORMAS DO DIREITO INTERNACIONAL?

O fato de o Hamas não demonstrar respeito pelo Direito Internacional não isenta Israel da obrigação de respeitá-lo. Israel está comprometido em trazer para casa os reféns mantidos em Gaza e em defender seus cidadãos e seu território de uma forma que seja consistente com o Direito Internacional.

Apesar de enfrentar um inimigo que despreza as regras internacionais e os valores ocidentais democráticos de liberdade, Israel está comprometido com o Direito Internacional dos Conflitos Armados (DICA), também conhecido como Direito Internacional Humanitário (DIH). Esse é o quadro jurídico aplicável que regula a conduta das hostilidades dos conflitos armados internacionais.

Como Israel não exerce controle efetivo sobre a Faixa de Gaza, a base legal que deve regular o conflito não é a lei de ocupação beligerante (*law of belligerent occupation*), mas sim as regras do Direito Internacional dos Conflitos Armados, em particular aquelas que estabelecem as devidas condutas em estado de hostilidades.

As operações exercidas por Israel em relação à Faixa de Gaza, desde sua saída e desengajamento do território em 2005 – quando sua presença militar e civil foi totalmente removida –, derivam, portanto, do Direito Internacional dos Conflitos Armados. **O Hamas está no controle da Faixa de Gaza desde sua tomada violenta em 2007 e tem total responsabilidade sobre a população palestina que vive na região.**

É importante também esclarecer que os ataques de 7 de outubro ocorreram no contexto de um conflito armado em andamento entre Israel e o Hamas e outras organizações terroristas na Faixa de Gaza. Por essa razão, no âmbito legal, esses ataques não exigem uma análise das condições sob as quais Israel pode recorrer ao uso da força armada (o *jus ad bellum*).

Invariavelmente, **qualquer análise jurídica não deve ser baseada somente nas regras legais aplicáveis à situação, mas também em um relato confiável dos fatos aos quais essas regras legais se aplicam.**

1. O Hamas e a Jihad cometem crimes de guerra e crimes contra a humanidade

Os ataques selvagens perpetrados por grupos terroristas palestinos liderados pelo Hamas no 7 de outubro de 2023, e seus ataques contínuos contra a população civil israelense desde então, constituem, sem dúvida, violações graves do Direito Internacional, equivalendo a graves crimes de guerra e crimes contra a humanidade.

Esses ataques incluem, entre outros, o massacre de mais de 1.200 cidadãos israelenses e estrangeiros; o ferimento de mais de 5.000

pessoas; cremação de vítimas ainda vivas; decapitação; estupro e outras formas de violência sexual; mutilação de cadáveres; o sequestro de 251 reféns (incluindo bebês, famílias inteiras, pessoas com deficiência e sobreviventes do Holocausto); destruição de propriedades civis, como o incêndio sistemático de casas; morte de animais; ataque a ambulâncias e equipes médicas; perfídia por meio de vestimentas (para que não sejam atacados, terroristas usam uniformes israelenses, passando-se por soldados pertencentes à Força de Defesa de Israel); tortura e mutilação, inclusive de crianças na frente dos pais e dos pais na frente dos filhos; disparo indiscriminado de mais de 13 mil foguetes; e uso de civis palestinos como escudos humanos.

Alguns desses crimes também podem constituir genocídio, pois são realizados com a "intenção de destruir, no todo ou em parte, um grupo nacional, étnico, racial ou religioso" em prol da intenção declarada do Hamas.

No decorrer da guerra, Israel continuou a enfrentar disparos indiscriminados de foguetes de Gaza. Mesmo com tecnologias avançadas de defesa aérea, alguns desses disparos causaram mortes e destruição. Além disso, foram feitas repetidas tentativas de infiltração em Israel para assassinar mais israelenses, enquanto os reféns tomados pelo Hamas permanecem em condições desumanas, sem visitas da Cruz Vermelha ou comunicação com o mundo exterior.

2. O direito e a obrigação de Israel de se defender

Israel tem o direito, e de fato a obrigação, de defender seus cidadãos e seu território tomando todas as medidas legítimas para garantir a libertação dos reféns e neutralizar a ameaça de grupos terroristas que está enfrentando.

Essa ameaça é inquietante e desafiadora. Algumas comunidades israelenses estão localizadas a poucos metros de distância da fronteira com a Faixa de Gaza, e centenas de milhares de israelenses vivem a quilômetros de Gaza. No 7 de outubro, mais de 5.000 terroristas do Hamas e da Jihad Islâmica invadiram o território israelense, incluindo a cidade de Ofakim, que tem uma população de mais de 40.000 habitantes, localizada a cerca de 20 quilômetros da Faixa de Gaza. Quase todo o Estado de Israel, desde Eilat até Haifa, permanece dentro do alcance dos foguetes do Hamas. Nessas circunstâncias, **Israel tem não somente o direito, mas também a obrigação, de agir para eliminar a capacidade de ataque do Hamas e de outros grupos terroristas em Gaza contra seus cidadãos e seu território**.

Cabe relembrar que, por mais que o foco da guerra na Faixa de Gaza seja o Hamas, que arquitetou e realizou o massacre de 7 de outubro, Israel luta simultaneamente contra os ataques e as ameaças contínuas provenientes de 7 frentes diferentes. Centenas de foguetes, mísseis e drones foram disparados contra Israel a partir do **Líbano** e da **Síria**, em violação ao Direito Internacional, bem como à Resolução 1.701 (2006) do Conselho de Segurança da ONU e ao Acordo de Desligamento Israel-Síria (1974), respectivamente. Mísseis e drones armados também foram lançados contra Israel pelo regime terrorista Houthi a partir do **Iêmen** e por milícias fundamentalistas no **Iraque**. Além disso, Israel sofre ataques de grupos terroristas que atuam no centro do país, nos territórios da **Cisjordânia**. O que todos esses grupos terroristas têm em comum, além do anseio de apagar Israel do mapa, é o apoio militar, financeiro e o suporte de informações que recebem do **Irã**, que, no decorrer da guerra, fez dois ataques diretos contra o Estado de Israel (em 13 de abril de 2024 e em 1º de outubro de 2024), mesmo antes da ofensiva israelense em junho de 2025.

3. O compromisso de Israel com o Direito Internacional

Apesar da brutalidade inimaginável do Hamas e de seu desprezo pelas leis internacionais e pela vida humana – tanto de israelenses como de palestinos –, Israel está empenhado em conduzir suas operações militares de acordo com o Direito Internacional.

Israel adotou princípios do Direito Internacional dos Conflitos Armados em todos os aspectos das suas operações militares por meio da formação jurídica de seus oficiais, aconselhamento jurídico operacional contínuo e mecanismos vigorosos e independentes de investigação para analisar alegações de desvios de conduta de soldados das FDI.

As FDI mantêm uma unidade de assistência jurídica militar independente (*Military Advocate General Corps* – MAG Corps), que fornece assistência jurídica contínua às FDI em uma série de questões operacionais, incluindo alvos militares, armamentos e detenções. Os oficiais consultores jurídicos militares não estão sujeitos à cadeia de comando das FDI em questões profissionais. Os consultores jurídicos das FDI trabalham em estreita colaboração com as forças operacionais para garantir que as regras do Direito Internacional sejam aplicadas nas ordens, procedimentos e decisões operacionais.

Além disso, o Gabinete do Procurador-Geral de Israel fornece auxílio jurídico contínuo ao governo israelense e o Supremo Tribunal de Israel tem jurisdição para exercer supervisão judicial, inclusive durante o conflito armado.

4. Sugerir uma equivalência moral entre Israel e organizações terroristas é repugnante

Qualquer análise sólida das operações israelenses não pode ignorar o contexto crucial dos ataques em andamento, bem como a natureza dos grupos terroristas que atacaram Israel, dando início à guerra, e a grave ameaça que Israel enfrenta em várias frentes.

É necessário rejeitar qualquer equivalência moral entre aqueles que se defendem do terrorismo e aqueles que o perpetram; entre um Estado cujo compromisso com a lei sustenta suas operações militares e um grupo terrorista que desafia

abertamente a lei; entre as FDI, que buscam minimizar danos a civis, e os grupos terroristas, que deliberadamente alvejam civis israelenses e, de forma perversa, tratam os civis palestinos como descartáveis, utilizando-os como escudos humanos.

Portanto, qualquer tentativa de estabelecer uma simetria entre os ataques terroristas liderados pelo Hamas e as operações militares israelenses para derrubar a ameaça de grupos terroristas, além de repulsiva, representa uma rendição para narrativas produzidas por apoiadores de terroristas e fortifica a estratégia abominável de destruição de grupos terroristas.

5. A necessidade de preservar os fatos

Uma avaliação jurídica sólida exige uma apreciação precisa e confiável não apenas da lei, mas também dos fatos. Dada a realidade dinâmica e complexa das hostilidades, e as tentativas deliberadas do Hamas de deturpar e fabricar fatos, é imprescindível ter cautela e evitar apressar qualquer julgamento, como foi feito, infelizmente, no caso do Hospital Al-Ahli, em outubro de 2023, quando o Hamas acusou Israel pela morte de centenas de palestinos. Hoje, está claro para todos que a explosão foi causada por um foguete lançado por terroristas da Jihad Islâmica, a partir de um cemitério localizado atrás do hospital; devido a uma falha no lançamento, parte do foguete caiu no complexo hospitalar. Como mencionado, a verdade sobre esses fatos foi esclarecida por imagens de satélite, por uma ligação interceptada entre militares terroristas do Hamas e pelo depoimento do porta-voz da Jihad Islâmica, que foi preso por Israel.

Declarações do Hamas e outros grupos terroristas, incluindo órgãos administrados pelo Hamas, como o "Ministério da Saúde de Gaza", ou de figuras sujeitas ao controle ou intimidação do Hamas, não podem, em nenhuma hipótese, ser usadas como referência ou fonte confiável.

6. Princípios-chave que regem as operações militares israelenses

O Direito Internacional dos Conflitos Armados estabelece um conjunto de regras elaboradas para limitar os efeitos dos conflitos armados e proteger civis, combatentes feridos, prisioneiros de guerra e populações vulneráveis.

Essas regras podem ser divididas em alguns princípios-chave, como: distinção, proporcionalidade, precaução e mitigação de danos civis, assistência humanitária, dentre outros.

DISTINÇÃO: Israel está operando contra o Hamas e outros grupos terroristas em Gaza, não contra a população civil. **As FDI direcionam seus ataques apenas a objetivos militares e não atuam, de forma alguma, visando "punição coletiva".**

Consistente com o Direito Internacional dos Conflitos Armados, e especialmente dada a estratégia brutal do Hamas de incorporar, sistematicamente, sua atividade militar e armamentos em áreas povoadas (incluindo edifícios residenciais e comerciais, locais de culto e hospitais), muitos objetos, aparentemente civis, podem se tornar alvos militares legítimos.

O Direito Internacional dos Conflitos Armados ainda prevê que militantes terroristas, mesmo quando utilizam roupas civis e estão infiltrados entre civis, são alvos legítimos, assim como aqueles que participam diretamente das hostilidades.

Como resultado, não se pode concluir que um ataque foi ilegal com base no simples fato de que os alvos eram aparentemente "civis" ou "objetos civis". **Em muitos casos, quando se trata de grupos terroristas que não estão compromissados com o Direito Internacional, pessoas ou alvos que aparentemente são civis podem, muitas vezes, ser alvos militares legítimos.** Podem ser armamentos armazenados em casas residenciais, em edifícios comerciais civis e em mesquitas; centros de controle estabelecidos em escolas e hospitais; lançadores de foguetes em cemitérios; terroristas vestidos como civis em zonas humanitárias ou outros.

A estratégia militar do Hamas inclui uma extensa rede de túneis (com centenas de quilômetros) abaixo de áreas densamente povoadas e locais extremamente sensíveis na Faixa de Gaza, como creches e hospitais.

Além disso, na expectativa das atividades terrestres das FDI, o Hamas instalou armadilhas em prédios civis e estradas em toda a Faixa de Gaza, e utiliza vários prédios civis como postos para atiradores de elite, lançamento de mísseis antitanque e coleta de inteligência.

Dada essa estratégia repreensível do Hamas, muitos objetos aparentemente civis podem se tornar alvos militares legítimos quando retratam uma contribuição efetiva para ações militares terroristas.

Cabe ressaltar que a proteção especial requerida pela lei internacional para objetos como hospitais é refletida nos procedimentos das FDI, que até implementam medidas restritivas adicionais para lugares sensíveis como escolas, locais de culto e instalações da ONU.

PROPORCIONALIDADE: o Direito Internacional dos Conflitos Armados exige também que um ataque contra um alvo militar esteja de acordo com a regra da proporcionalidade, segundo a qual é proibido realizar um ataque quando a perda incidental potencial de vidas civis, os ferimentos a civis ou os danos a objetos civis sejam excessivos em relação à vantagem militar concreta e direta esperada do ataque.

As vantagens militares que as FDI estão buscando incluem destruir ativos militares de grupos terroristas, desmantelar a capacidade de grupos terroristas de comandar e controlar operações contra Israel, atingir e eliminar militantes terroristas, neutralizar túneis subterrâneos e infraestrutura usada para fins terroristas e eliminar posições (como postos de atiradores, antitanques e vigilância) que colocam em risco as forças terrestres das FDI.

Todas essas vantagens militares contribuem para o objetivo de garantir a libertação dos reféns e remover a capacidade do Hamas de atacar Israel e seus cidadãos.

O Direito Internacional dos Conflitos Armados prevê que a avaliação de proporcionalidade deve ser feita com base na análise do comandante militar no momento do ataque, e não de forma retrospectiva. Ou seja, a avaliação é focada na conduta do comandante antes do ataque, considerando as informações que estavam à sua disposição antes do ataque militar, e não no resultado, como muitos pensam equivocadamente.

Como questão de direito, **vítimas civis ou danos a objetos civis, embora trágicos, não são suficientes, por si só, para uma conclusão em relação à proporcionalidade. É necessária uma avaliação informada tanto do dano civil esperado quanto da vantagem militar antecipada no momento do ataque.**

PRECAUÇÃO E MITIGAÇÃO DE DANOS CIVIS: ao conduzir ataques militares, as partes de um conflito devem tomar precauções, que sejam viáveis sob as circunstâncias operacionais, para minimizar mortes ou ferimentos de civis, bem como danos a objetos civis.

As FDI empregam várias medidas de precaução, dentro das possibilidades das circunstâncias operacionais, incluindo avisos antecipados e seleção de armas e munições, na tentativa de mitigar danos civis.

Em contrapartida, o Hamas toma medidas para impedir que civis deixem as áreas de hostilidades, visando explorar inescrupulosamente baixas civis e dificultar as atividades operacionais das FDI.

ASSISTÊNCIA HUMANITÁRIA: as partes de um conflito armado são obrigadas a permitir e facilitar o acesso de remessas de suprimentos essenciais para a sobrevivência da população civil, se esta não receber adequadamente tais suprimentos.

Essa obrigação está sujeita a condições, incluindo a inexistência de fortes razões para suspeitar que as remessas estejam sendo desviadas de seu destino – a população civil – ou que forneçam uma vantagem aos esforços militares do inimigo.

Uma unidade israelense designada (COGAT) recebeu a responsabilidade de monitorar de perto a situação humanitária e as necessidades da população civil em Gaza, e coordenar atividades humanitárias com agências internacionais relevantes.

Durante a guerra, Israel facilitou constantemente a entrada de suprimentos humanitários em Gaza, mesmo ciente de que o Hamas retém deliberadamente muitos suprimentos essenciais, sem destiná-los aos civis, e que algumas das remessas que entram na Faixa de Gaza incluem suprimentos que não faltam na região.

É muito desafiador garantir efetivamente a necessidade em Gaza, tendo em vista que a maior ameaça aos palestinos é o controle sob o qual eles têm vivido por anos, exercido por uma organização terrorista genocida que não tem consideração pelo seu

bem-estar, que tem sistematicamente roubado ajuda internacional e contrabandeado armas fazendo uso dessa ajuda, de modo a promover seus próprios interesses terroristas.

Estoques massivos de combustível, medicamentos e outros suprimentos, todos destinados a hospitais e uso civil, foram acumulados pelo Hamas e são usados para sustentar suas operações militares e seus ataques a Israel (a UNRWA também declarou publicamente, mesmo sem mencionar o Hamas, que suprimentos humanitários foram roubados em Gaza).

Mensagem do comissário-geral da UNRWA, Philippe Lazzarini, publicada em 1º de dezembro de 2024, na rede social X.

A preocupação genuína com a situação humanitária e as críticas a Israel em relação à facilitação da entrada de suprimentos humanitários deve incluir uma exigência incondicional para que o Hamas libere as reservas que está negando à sua população civil, e deve garantir que mecanismos eficazes

estejam em vigor para que a assistência humanitária chegue ao seu destino civil pretendido e não sustente a máquina terrorista, colocando em risco vidas israelenses e palestinas.

Abordar os desafios legais e práticos da assistência humanitária nas circunstâncias excepcionais da Faixa de Gaza requer conhecimento preciso dos fatos, incluindo que o ataque do Hamas em 7 de outubro danificou 9 de 10 linhas de eletricidade vindas de Israel (que forneciam cerca de 50% da eletricidade em Gaza); que em 7 de outubro o Hamas atacou e danificou significativamente a principal passagem para civis palestinos em Israel (pela qual quase 20.000 trabalhadores de Gaza passavam diariamente); que nos últimos anos Israel facilitou a instalação de fontes alternativas de energia (como painéis solares) para a maioria dos serviços essenciais em Gaza; e que Israel ainda fornece água para Gaza (inclusive consertando canos danificados pelo ataque do Hamas).

Em resumo, Israel está comprometido em garantir o acesso de civis palestinos à assistência humanitária, mas o Direito Internacional não exige que isso seja feito de maneira a permitir que essa assistência seja desviada ou explorada para sustentar as capacidades do Hamas de atacar Israel e seus cidadãos.

ISRAEL UTILIZA FÓSFORO BRANCO EM SUAS OPERAÇÕES, EM VIOLAÇÃO AO DIREITO INTERNACIONAL?

Uma bomba baseada em fósforo branco tem um efeito incendiário maior que o normal. Visto o nível de destruição do fósforo branco, sua utilização está sujeita às restrições estabelecidas na Convenção sobre Proibições ou Restrições ao Emprego de Certas Armas Convencionais, que podem ser consideradas excessivamente lesivas ou geradoras de efeitos indiscriminados, conhecida como Convenção sobre Certas Armas Convencionais, adotada em Genebra, em 10 de outubro de 1980, e que entrou em vigor em dezembro de 1983.

O terceiro protocolo da Convenção estabelece a restrição do uso de armas incendiárias.

Diferente da narrativa elaborada para acusar Israel, o uso de fósforo branco não é totalmente proibido pela legislação internacional, mas apenas restringido.

O Terceiro Protocolo da Convenção proíbe, em todas as circunstâncias, tornar a população civil ou objetos civis alvo de ataques por qualquer arma ou munição que seja projetada principalmente para atear fogo a objetos ou causar queimaduras em pessoas por meio da ação de chamas, calor ou uma combinação de ambos, produzidos por uma reação química de uma substância lançada sobre o alvo. O protocolo também limita o uso de armas incendiárias lançadas por via aérea contra alvos militares localizados em áreas com concentração de civis.

Como uso militar padrão, o fósforo branco pode ser usado para criar cortinas de fumaça, marcar alvos ou iluminar o campo de batalha. Portanto, sua legalidade depende do objetivo de uso, do método utilizado e do local onde é lançado. Se usado para causar danos diretos a civis, ou for lançado por via aérea em áreas densamente povoadas, pode ser considerado um uso ilegal.

As FDI usam apenas armas e munições legais. Israel não é signatário do Terceiro Protocolo da Convenção e, portanto, não está legalmente vinculado às suas regras. No entanto, é signatário das Convenções de Genebra, que exigem que o país se abstenha de usar armas que causem sofrimento desnecessário a civis.

Os principais projéteis de cortina de fumaça usados pelas FDI não contêm fósforo branco. **Assim como muitas forças armadas ocidentais, as FDI também possuem projéteis de cortina de fumaça que incluem fósforo branco, o que é legal segundo a lei internacional. Esses projéteis são usados pelas FDI para criar cortinas de fumaça e não para causar incêndios ou atingir civis.** Os procedimentos das FDI exigem que tais projéteis não sejam usados em áreas densamente povoadas. Isso está em conformidade com o Direito Internacional.

Cabe lembrar que há semelhanças visuais entre as bombas de cortina de fumaça que contêm fósforo branco e aquelas que não contêm. É importante ter cautela antes de estabelecer determinações fatuais sobre imagens (cuja localização e origem não podem ser determinadas).

O ESTADO DE ISRAEL É UM ESTADO DE APARTHEID?

Apartheid é um termo que se refere à política de segregação racial e opressão institucionalizada que foi implementada na África do Sul entre 1948 e 1994. O regime de apartheid impôs a segregação racial completa com base em leis, negou direitos básicos a populações não brancas e estabeleceu controle político, econômico e legal completo pela minoria branca.

O termo "apartheid" é definido no Estatuto de Roma do Tribunal Penal Internacional das Nações Unidas, que trata, entre outros assuntos, de crimes contra a humanidade. No artigo 7, parágrafo 2, seção h, apartheid é definido como: "Qualquer ato desumano análogo aos referidos no parágrafo 1°, praticado no contexto de um regime institucionalizado de opressão e domínio sistemático de um grupo racial sobre um ou outros grupos nacionais e com a intenção de manter esse regime".

Os crimes listados no parágrafo 1° são os considerados graves, como extermínio, tortura, estupro, agressão sexual, deportação ou transferência forçada de uma população e similares.

Pode-se observar que, segundo a definição do Estatuto de Roma, o apartheid consiste em vários aspectos, como a natureza dos atos cometidos, o regime que os comete e a separação entre grupos com base racial.

Inequivocadamente, o Estado de Israel não atende a nenhum desses aspectos.

Primeiramente, Israel não comete os crimes graves mencionados no Estatuto de Roma. Além disso, o estatuto define o apartheid como atos cometidos por um regime institucionalizado constituído por um único grupo racial. No Estado de Israel, representantes da população árabe também ocupam vários cargos no Knesset (parlamento israelense), no tribunal e no governo – ou seja, o regime institucionalizado do Estado de Israel não é constituído por um único grupo racial.

No entanto, ainda há quem argumente que, mesmo não se enquadrando exatamente na definição de um "Estado de apartheid", o Estado de Israel "age de maneira racista contra a população árabe".

Segundo aqueles que apoiam esse argumento, o Estado de Israel age de forma racista contra o povo árabe, unicamente pelo fato de serem árabes.

Essa alegação, no entanto, é completamente infundada. **O Estado de Israel aplica suas leis a todos os seus cidadãos, independentemente de religião, raça ou gênero. Além disso, os árabes israelenses estão integrados em diversas áreas da sociedade, tanto no setor público quanto no privado, contribuindo para a economia, a sociedade e o sistema público.**

Nos últimos anos, houve um aumento significativo na taxa de integração da sociedade árabe em diversas profissões, incluindo as áreas de alta tecnologia, medicina, academia, indústria e empreendedorismo.

Cerca de 17% dos médicos, mais de 25% dos enfermeiros e 50% dos farmacêuticos em Israel são árabes, enquanto sua participação relativa na população é de cerca de 21%. Os principais hospitais empregam médicos e enfermeiros árabes, e muitos deles se destacam em sua profissão. A integração da sociedade árabe na **área médica** é expressa também pela nomeação, em 2007, do Prof. Mas'ad Barhoum, árabe israelense, como diretor do Centro Médico da Galileia, o maior hospital da Galileia, e segundo maior hospital no norte de Israel.

Prof. Mas'ad Barhoum.
Fonte: Centro Médico da Galileia.

O número de árabes trabalhando em empresas de **alta tecnologia** também aumentou nos últimos anos, especialmente com o apoio governamental e programas de incentivo de organizações sem fins lucrativos e entidades empresariais.

Há startups de propriedade de empreendedores árabes, e grandes empresas como Intel, Microsoft e Google que empregam, em Israel, um grande número de funcionários árabes.

Em 2008, foi criada em Israel a Associação Tsofen-Tashbik, fundada por profissionais de alta tecnologia e economistas árabes e judeus, com o objetivo de integrar os trabalhadores árabes no ramo de alta tecnologia. Maisam Jaljuli, árabe israelense, foi nomeada coCEO da Associação.

Cabe também citar o Prof. Ziad Hanna, um cientista da computação árabe israelense, que atua como CEO no centro de pesquisa e desenvolvimento da empresa de software americana Cadence Design Systems, em Israel.

Maisam Jaljuli. Fonte: timeout.co.il.

Prof. Ziad Hanna.
Fonte: Cadence Design Systems.

A integração da sociedade árabe é vista também no **campo acadêmico**. O número de estudantes árabes nas universidades aumentou significativamente nos últimos anos, e constituem cerca de 17% de todos os estudantes em instituições de ensino superior em Israel.

A sociedade árabe em Israel formou acadêmicos proeminentes em várias áreas, incluindo medicina, direito, ciências exatas e humanas.

O Prof. Muhammad Haj-Yahia, por exemplo, especialista em serviço social, atuou como chefe da faculdade de serviço social na Universidade Hebraica de Jerusalém; o Prof. Abdulla Watad, especialista em reumatologia, é vice-diretor do departamento de clínica médica do Hospital Sheba Tel Hashomer, e é considerado um dos professores mais jovens na área da medicina em Israel, com mais de 200 publicações científicas.

Prof. Muhammad Haj-Yahia. Fonte: The Israel Academy of Sciences and Humanities.

Prof. Abdulla Watad. Fonte: rofim.org.

A integração da sociedade árabe em Israel está bem-sucedida também na **área de comunicação**. Jornalistas, radialistas e criadores de conteúdo árabes trabalham na mídia israelense, inclusive nos principais canais, como: Kan 11, Keshet 12, Ynet e outros.

A sociedade árabe em Israel gerou diversos jornalistas de destaque que alcançaram altos cargos na mídia israelense. Lucy Aharish, árabe israelense, por exemplo, é uma das jornalistas mais bem conceituadas em Israel. É também apresentadora de TV e atriz. Ela foi a primeira apresentadora árabe em um canal de televisão israelense em língua hebraica e apresentou programas em grandes canais, como Reshet 13 e Keshet 12.

Lucy Aharish, jornalista árabe israelense e apresentadora de rádio e televisão, apresentadora do programa "Conversa de Hoje" no Canal Reshet 13. Fonte: Reshet 13.

A sociedade árabe em Israel também fez contribuições significativas para o mundo da **cultura**, com músicos e escritores proeminentes que influenciaram tanto o cenário local quanto o internacional. A atuação de músicos e escritores árabes em Israel – como o Prof. Taysir Elias, que atua como chefe do Departamento de Música na Universidade de Haifa, em Israel – reflete a riqueza cultural do país e enfatiza a importância da diversidade e da integração da cultura árabe na criação artística israelense.

Prof. Taysir Elias. Fonte: Cambridge Centre of Palestine Studies.

No **esporte**, a integração da sociedade árabe israelense também se destaca. Há uma presença significativa de atletas árabes israelenses que alcançaram conquistas impressionantes no cenário local e internacional. Na atual seleção israelense de futebol, por exemplo, quatro jogadores são árabes israelenses e vestem a camisa da seleção de Israel com o orgulho de representar seu país.

Mahmoud Jaber, Anan Khalaily, Dia Saba e Mohammad Abu Fani.
Fonte: Israel Football Association.

No **sistema judicial israelense**, magistrados árabes atuam em diversos cargos, inclusive na Suprema Corte, o que reflete a integridade da sociedade árabe em Israel no campo do Poder Judiciário. Cabe mencionar que o ex-primeiro-ministro, Ehud Olmert, e o ex-presidente, Moshe Katzav, foram julgados e condenados à prisão por um juiz árabe – George Karra.

George Karra.
Fonte: gov.il.

A sociedade árabe em Israel tem sido representada também na **política local e nacional** desde a criação do Estado de Israel. Ao longo dos anos, parlamentares árabes, de partidos árabes, judeus e mistos, atuaram como ministros, vice-ministros e prefeitos. Issawi Frij, por exemplo, foi Ministro da Igualdade Social no governo Bennett-Lapid (2021-2022) pelo partido Meretz. Após as eleições de 2021, Mansour Abbas, presidente do partido árabe "Ra'am", tornou-se o chefe do primeiro partido árabe de Israel a integrar a coalizão governante.

Issawi Frij, 18 de outubro de 2021. Fonte: Olivier Fitoussi/Flash90.

Mansour Abbas, dezembro de 2021. Fonte: al-monitor.com.

A sociedade árabe desempenha, portanto, um papel importante no desenvolvimento de Israel, com crescente integração em áreas-chave da sociedade israelense. Essa integração está presente também nas forças armadas. Embora não sejam obrigados a servir o exército, mais de quatrocentos árabes muçulmanos e mais de cinquenta árabes cristãos se alistam, por ano, nas Forças de Defesa de Israel.

Isto posto, como podemos explicar aqueles que apoiam a acusação sem fundamento de que o Estado de Israel age de forma racista contra o povo árabe? Será que eles desconhecem a integração dos árabes israelenses em diversas áreas da sociedade, tanto no setor público quanto no privado, contribuindo para a economia, a sociedade e o sistema público?

A resposta só poderia ser, realmente, a desinformação; ou, porventura, um antissemitismo exposto por meio da hipocrisia. **Essas pessoas que acusam Israel de ser um Estado de apartheid já se expressaram sobre o apartheid sofrido pelo povo judeu nos países árabes?**

Os judeus vivem em países árabes há séculos, mas, durante o século XX, sua situação se deteriorou de forma significativa, principalmente devido à ascensão do nacionalismo árabe. Esses processos levaram à expulsão, discriminação e violência contra comunidades judaicas em muitos países árabes. **Em 1948, aproximadamente 820.000 judeus viviam nesses países. Hoje, restam menos de**

14.000 judeus em todo o mundo árabe – uma redução de mais de 98%! Essa deterioração foi causada principalmente em razão da violência, de pogroms (como o Farhud no Iraque, perseguições na Síria e em outros países), deportação e discriminação legal (negação de cidadania, confisco de propriedade, entre outros).

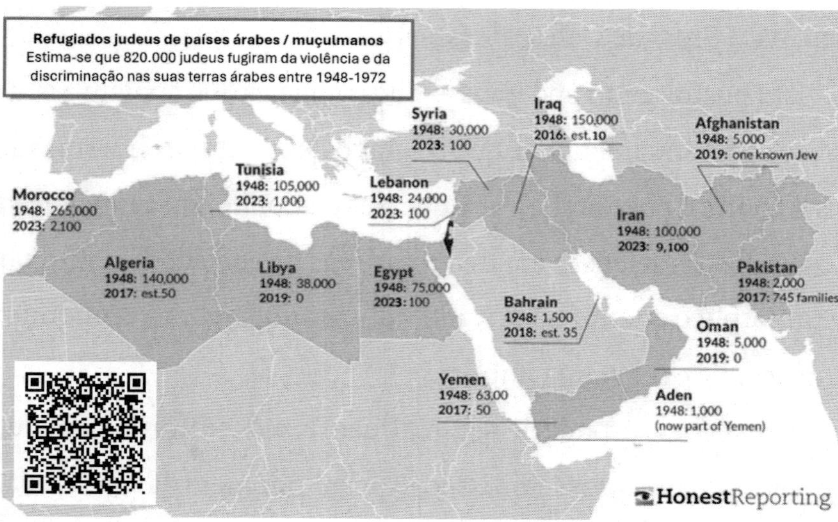

Mapa de refugiados judeus de países árabes. Fonte: HonestReporting.

Em contrapartida, a população árabe em Israel cresceu significativamente desde 1948, depois da criação do Estado de Israel. Em 1948, viviam no jovem Estado de Israel aproximadamente 156.000 árabes (cerca de 15% da população). Em 2023, a população árabe em Israel atingiu a marca de 2 milhões de pessoas (cerca de 21% da população). Ou seja, **enquanto a comunidade judaica nos países árabes diminuiu em mais de 98%, a sociedade árabe**

em Israel cresceu 1.200% nos 77 anos desde a fundação do Estado de Israel.

Entre os fatores que contribuem para o crescimento da população árabe em Israel, destacam-se a alta taxa de natalidade, a melhoria na expectativa de vida e a baixa taxa de emigração – não há migração significativa de árabes israelenses para outros países. Esses fatores, naturalmente, refutam qualquer argumento de que o Estado de Israel age de maneira racista para com a população árabe israelense.

Pesquisas realizadas no passado indicam que **a maioria dos árabes israelenses prefere continuar vivendo em Israel**, mesmo que uma futura solução de dois Estados envolva a transferência de suas cidades para o território da Autoridade Palestina.

De acordo com uma pesquisa realizada em 2011, liderada pelo renomado Dr. David Pollock, que atuou como especialista e pesquisador no Instituto de Washington para Estudos do Oriente Médio, **56% dos palestinos de Jerusalém Oriental querem ou consideram viver em Israel, e não no Estado palestino, se ele for estabelecido**.

A pesquisa contou com a participação de 1.039 pessoas de todos os bairros da zona leste de Jerusalém, distribuídas proporcionalmente de acordo com o número de moradores. Os pesquisadores de Pollock eram exclusivamente palestinos e não tinham nenhuma filiação política.

Isso demonstra que, apesar dos desafios e das tensões políticas, os árabes israelenses consideram sua situação em Israel melhor do que a alternativa oferecida pela Autoridade Palestina.

Isso porque os árabes israelenses possuem cidadania plena, incluindo direito de voto e representação no parlamento (Knesset). Além disso, Israel oferece serviços públicos avançados, como saúde e educação, bem como melhores oportunidades econômicas e maior liberdade política, em comparação com a realidade vivida sob a Autoridade Palestina. **Embora muitos árabes israelenses se identifiquem cultural e nacionalmente com os palestinos, preferem manter seus direitos e benefícios como cidadãos de Israel. Esse fato, por si só, refuta qualquer acusação de apartheid por parte de Israel em relação à população árabe israelense.**

E o que dizer da alegação de que as restrições, prisões e buscas realizadas por Israel contra palestinos são racistas e discriminatórias? Essa afirmação também carece de embasamento. Primeiramente, a própria alegação de que Israel age de forma racista contra os árabes da Autoridade Palestina, mas não contra os árabes cidadãos de Israel, já demonstra que não há discriminação com base racial, o que descaracteriza o uso do termo apartheid. De qualquer forma, não há discriminação em relação aos árabes da Autoridade Palestina, uma vez que as restrições impostas têm motivações de segurança, como a prevenção de ataques terroristas, e não se baseiam em segregação racial.

UM FINAL CONFIANTE

Em 27 de janeiro de 1945, as forças aliadas chegaram ao campo de concentração de Auschwitz, em solo polonês. Os portões do inferno se abriram. Havia 7.000 prisioneiros no campo naquele dia, a grande maioria judeus – mulheres e homens, idosos e crianças. Restos mortais de famílias inteiras e os últimos remanescentes de grandes comunidades que haviam sido transformadas em pó e cinzas. Um deles era meu avô.

Depois de anos com sede, fome, exaustão e doença, vendo seus familiares torturados, massacrados e queimados, eles tinham certeza de que estavam sozinhos no mundo.

O povo de Israel, ao longo das décadas que se passaram desde o Holocausto, prometeu repetidamente: "Nunca mais". Juramos que o povo judeu não voltaria a ficar indefeso e desamparado. E, apesar de tudo isso, as cenas do ataque de 7 de outubro ecoaram, no coração de todos nós, os horrores do Holocausto.

As descrições de mães que silenciaram seus bebês para que não chorassem e revelassem seu esconderijo; casas incendiadas; crianças arrancadas de seus pais; terroristas desprezíveis que viam os nazistas como modelo e que torturaram, queimaram e massacraram famílias inteiras – tudo isso reproduziu os horrores vividos pelo povo de Israel oitenta anos atrás.

Embora as consequências do massacre de 7 de outubro e o espanto ainda ressoem em nós, não esquecemos que hoje temos aquilo que nossos antepassados que presenciaram o Holocausto, inclusive meu avô, só podiam sonhar, apenas imaginar: uma pátria independente e um exército que luta uma batalha que ainda não acabou, em prol da eternidade do povo de Israel.

A história do povo judeu está repleta de episódios de perseguição e massacre por vários outros povos, o que, muitas vezes, fez da identidade judaica um motivo de sofrimento, discriminação, humilhação e assimilação.

Os judeus foram escravos no antigo Egito, foram perseguidos pelos babilônios, persas, gregos e romanos, foram queimados em fogueiras durante a Idade Média na Europa e sofreram falsas acusações, como a conhecida conspiração que fala do "assassinato de crianças" e da disseminação de epidemias. Seis milhões de judeus foram exterminados no Holocausto, por meio de assassinatos em massa, tortura e campos de concentração e extermínio.

Ainda assim, a história do povo de Israel não é feita apenas de perseguições, mas também de perseverança e sobrevivência ao longo de milhares de anos, até os dias de hoje.

Ao contrário do passado, quando os judeus não tinham um exército próprio e eram forçados a depender de governos estrangeiros ou a se dispersar pelo mundo, hoje o povo de Israel tem um Estado soberano, com um dos exércitos mais poderosos do mundo.

Digo isso com fé completa e pura, apesar do desastre e da dor que ainda nos sobrevêm: nada pode destruir o Estado de Israel. Esse povo, que passou pelo terrível Holocausto e construiu uma pátria dois mil anos depois de ter sido exilado à força – nada pode destruí-lo.

Meu avô se separou deste mundo e não posso mais receber seus conselhos. Mas, se eu tivesse a oportunidade de escutar seu recado, acho que ele me diria o seguinte em relação ao massacre de 7 de outubro: "É parecido, é assustador, e não há palavras para descrever essa crueldade, mas não é a mesma coisa. O Holocausto nunca mais acontecerá enquanto Israel tiver um exército para defender seu povo".

EPÍLOGO

Durante e após o massacre de 7 de outubro de 2023, Israel não enfrentou apenas massacres, foguetes e terroristas – enfrentou uma guerra de narrativas.

Neste livro, procurei revelar como a desinformação se tornou uma arma poderosa nas mãos dos inimigos de Israel, desmontando mitos, respondendo às principais acusações contra Israel e expondo como a manipulação da opinião pública alimenta o antissemitismo global. Uma obra urgente sobre verdade, justiça e sobrevivência.

Durante o processo de edição deste livro, uma nova frente de batalha foi aberta: a guerra direta entre Israel e o Irã. Israel lançou uma ofensiva preventiva contra o Irã – ação necessária devido à ameaça de que Teerã estaria às vésperas de desenvolver **armas de destruição em massa.**

Pela primeira vez em nossa história, centenas de mísseis e drones iranianos foram lançados diariamente contra o território israelense, marcando uma escalada dramática no conflito regional.

No entanto, este livro não buscou tratar dessa nova guerra. Ele foi concebido e escrito com o objetivo de lançar luz sobre outra frente – a guerra de narrativas que emergiu a partir do massacre de 7 de outubro de 2023 e da guerra subsequente contra o Hamas na Faixa de Gaza.

Enquanto os acontecimentos continuam a se desenrolar e os desafios diante de Israel se multiplicam, o foco deste livro permanece claro: compreender como a desinformação, a manipulação e o uso estratégico das plataformas de comunicação têm moldado a percepção global sobre o conflito em Gaza – e como isso tem repercussões concretas na segurança, legitimidade e futuro do Estado de Israel.

A guerra contra o Hamas não é apenas territorial ou militar. Ela também é travada nas plataformas digitais. E é nesse campo – o da informação, da opinião pública e da memória histórica – que este livro buscou contribuir.

A história continua. Mas a verdade permanece sendo nossa arma mais poderosa.

POSFÁCIO

Vivemos um tempo em que a comunicação, paradoxalmente, pode nos afastar da verdade. A abundância de vozes, fontes e opiniões deveria servir ao esclarecimento, mas tem sido usada, com frequência crescente, para confundir, distorcer e radicalizar. No centro desse cenário está o fenômeno da desinformação – a manipulação deliberada de fatos, imagens e discursos para criar realidades paralelas, alimentar preconceitos e destruir reputações.

O conflito entre Israel e o grupo terrorista Hamas, intensificado a partir dos ataques de 7 de outubro de 2023, tornou-se um terreno fértil para esse tipo de manipulação. Em muitas partes do mundo, o que se difunde não é a busca por compreensão, mas a reprodução acrítica de slogans, narrativas simplificadas e acusações sem fundamento. O Brasil não está imune a isso.

Nos últimos anos – e com intensidade ainda maior desde outubro de 2023 – assistimos a uma preocupante escalada do antissemitismo no Brasil, frequentemente disfarçada de "crítica política" a Israel. O que deveria ser um debate legítimo sobre geopolítica, segurança ou direitos humanos tem sido, muitas vezes, contaminado por mentiras repetidas com aparência de verdade. As redes sociais se tornaram o principal vetor dessa contaminação. Mas o fenômeno ultrapassa o mundo digital: chegou às universidades, a espaços culturais e até a discursos institucionais.

Essa é a armadilha: a desinformação não apenas distorce os fatos – ela desumaniza. Transforma vítimas em culpados, inverte cronologias, silencia contextos. E ao fazer isso, permite que o ódio se apresente com verniz de justiça. O antissemitismo contemporâneo já não se veste de suástica – ele vem com hashtags, editoriais enviesados e declarações usurpando a expressão "direitos humanos" que ignoram o direito mais básico: o de existir.

Por isso, este livro é tão necessário. Porque combate a desinformação não com mais slogans, mas com evidências, documentos e análise rigorosa. Porque denuncia os mecanismos pelos quais a verdade é sistematicamente sabotada. E porque propõe uma ética da informação, que deve valer para todos.

Ao encerrar esta leitura, espero que o leitor não apenas compreenda melhor o que está em jogo no campo das ideias, mas também se sinta responsável. Em tempos de conflitos armados, a batalha pela verdade se trava também nas salas de aula, nas redações, nos púlpitos e nas redes sociais. E cada um de nós, ao compartilhar ou silenciar diante de uma mentira, está tomando parte nesse conflito.

Mais do que nunca, é hora de escolher, baseado em valores e não em slogans fáceis, de que lado da história queremos estar.

Claudio Lottenberg
Presidente da Confederação Israelita do Brasil e do Conselho Deliberativo da Sociedade Beneficente do Hospital Albert Einstein

AGRADECIMENTOS AOS APOIADORES

Realizar este projeto foi, para mim, mais do que um desafio profissional – foi a concretização de um sonho profundamente ligado à verdade, à defesa nacional do povo de Israel e à busca por justiça. Por isso, não posso deixar de expressar minha gratidão àqueles que tornaram esse sonho possível.

Registro aqui meu sincero agradecimento ao Hillel Rio de Janeiro, em especial ao presidente Rodrigo Fiszman e ao vice-presidente Ricardo Levy; ao Hillel São Paulo, representado pelo presidente Fabio Topczewski e pelo vice-presidente Daniel Leon Bialsky; e, principalmente, ao Hillel Internacional, com destaque para Márcia Kelner Polisuk, vice-presidente da instituição, pela confiança demonstrada em meu trabalho e pelo apoio estrutural e institucional imprescindível à concretização deste projeto. Agradeço ainda ao presidente da Liga de Governadores do Board Mundial do Hillel Internacional, Matthew Bronfman, pelo apoio incondicional aos Hillels da América Latina, que tem possibilitado o nascimento e florescimento deste e de tantos outros projetos essenciais para combater a desinformação e as narrativas enganosas contra o Estado de Israel.

Estendo também meus sinceros agradecimentos à Confederação Israelita do Brasil (Conib), à Federação Israelita do Estado de São Paulo (Fisesp), e à família Seibel, por todo o apoio, confiança e parceria para tornar este projeto uma realidade.

Ter ao meu lado pessoas e instituições que confiaram em mim e na relevância deste trabalho fez toda a diferença. O apoio que recebi foi um lembrete constante de que eu não estava sozinho nessa jornada. A confiança de cada um me deu forças para seguir escrevendo – mesmo diante de temas difíceis, verdades incômodas e responsabilidades imensas.